日本における高齢者教育の構造と変遷

久保田 治助 著

風間書房

―目　　次―

はじめに ………………………………………………………………… 1
　第1節　研究の目的と対象 ………………………………………… 1
　　⑴　研究の目的 ………………………………………………… 1
　　⑵　対象時期と研究方法 ……………………………………… 2
　第2節　先行研究、および問題の所在 …………………………… 6
　第3節　用語の定義 ………………………………………………… 11

第1章　第二次世界大戦以前の高齢者像 ……………………………… 15
　第1節　明治期の高齢者像 ―近代における敬老思想の形成― ……… 16
　　⑴　近代の成立と隠居にみる高齢者像 ……………………… 16
　　⑵　家族制度論における隠居 ………………………………… 18
　　⑶　明治期の『隠居論』における高齢者像 ………………… 21
　第2節　大正期の高齢者像 ―穂積陳重の『隠居論』を中心として― …… 25
　　⑴　穂積陳重の社会保障政策研究の芽生え ………………… 25
　　⑵　穂積陳重の考える優老 …………………………………… 30
　第3節　昭和初期の高齢者像 ―浴風園における橘覚勝の教育観― ……… 37
　　⑴　高齢者教育論者としての橘覚勝 ………………………… 37
　　⑵　「現代人となる」学習の概念 …………………………… 38
　　⑶　戦前浴風会の設立と運営状況 …………………………… 40
　　⑷　養老院実務者講習会資料と戦前・戦中期の橘の研究活動 …… 42
　　⑸　戦前・戦中期の橘覚勝の敬老思想論 …………………… 46

第2章　1950年代の高齢者教育 ―小林文成の高齢者教育論― ………… 57
　第1節　高齢者教育概念の成立 ―楽生学園の理念― ………………… 58

⑴	楽生学園創設に至る社会的要因 ……………………………………	58
⑵	1950年代の家族制度をめぐる議論 …………………………………	61
⑶	楽生学園の学習目標 ……………………………………………………	63

第2節　「現代人となる」学習の概念 ………………………………………… 66
　⑴　「現代人となる」学習を提唱するに至った経緯 …………………… 67
　⑵　「現代人となる」学習の意義 ………………………………………… 70
第3節　楽生学園の学習内容　―調査活動と学習プログラムから― ……… 72
第4節　楽生学園の高齢者の活動 ……………………………………………… 80

第3章　1960年代の高齢者対策と老人大学の整備 ……………………… 93
第1節　社会状況と高齢者像の変容 …………………………………………… 95
　⑴　経済構造と高齢者像の変容 …………………………………………… 95
　⑵　〈強い〉高齢者から〈弱い〉高齢者へ
　　　―1950年代から1960年代にかけて― ……………………………… 96
　⑶　〈弱者〉としての高齢者像の形成
　　　―1960年代から1970年代にかけて― ……………………………… 97
第2節　橘覚勝の老人憲章〈私案〉 …………………………………………… 99
　⑴　橘覚勝の高齢者論 ……………………………………………………… 99
　⑵　橘覚勝の高齢者教育論 ………………………………………………… 104
第3節　老人大学設置の萌芽　―高齢者の学習の組織化― ………………… 108

第4章　1970年代の老人大学の展開 ……………………………………… 115
第1節　1970年代の高齢者の学習を取り巻く状況 …………………………… 116
第2節　高齢者政策における教育行政と福祉行政の谷間の問題 …………… 119
第3節　1970年代の老人大学の特徴 …………………………………………… 121
　⑴　兵庫県いなみ野学園における学習実践 ……………………………… 124
　⑵　東京都中野区ことぶき大学における学習実践 ……………………… 128
　⑶　東京都世田谷老人大学における学習実践 …………………………… 133

第4節　1970年代以降の高齢者の学習環境
　　　　　―高齢者の権利保障と自己決定― …………………………… 139
　　(1)　「措置」から「福祉サービス」へ ………………………………… 139
　　(2)　福祉サービスにおける「契約主体」 ……………………………… 143

おわりに ……………………………………………………………………… 151
　第1節　研究の総括 ……………………………………………………… 151
　第2節　今後の課題 ……………………………………………………… 155

主要参考文献 ………………………………………………………………… 159
資料 …………………………………………………………………………… 165
　資料1　楽生学園の学習プログラム ……………………………………… 166
　資料2　小林文成、楽生学園関連年表 …………………………………… 178
あとがき ……………………………………………………………………… 185

は じ め に

第1節　研究の目的と対象

(1) 研究の目的

　本研究の目的は、大きく以下の2点を明らかにすることにある。第一は、近代以降の日本社会、特に未曾有の敗戦体験をあいだに挟み、政治・経済の情勢、さらには人々の価値観が激しく揺れ動いた社会状況の中で、各時代における高齢者像がどのようなものであったのか、またそれはどのような変遷過程をたどったのかを明らかにすることである。そして第二に、そうした社会状況が変転する中で、実際に高齢者がどのような学習活動を行ってきたのかを歴史的に跡づけることである。

　これまでの高齢者教育研究は、高齢者にとって、より良く生きるための学習の場の環境を整備することに重点が置かれてきた。たとえば、日高幸男（1975年）は、高齢者教育プログラムの事例を紹介し、グループワークを推奨し、さらに高齢者が自主グループを組織する意義について論じた。また、瀬沼克彰（1979年）は、高齢者の余暇の重要性を説き、経済発展の促進が高齢者への福祉サービスの向上へとつながると論じている。

　しかし、こうした高齢者教育に関する従来の研究について、牧野篤（2009年）が「その現状と課題についての指摘および解決のあり方についての検討はなされてきているが、その歴史的な展開についての研究は、紹介を含めて、ほとんどなされていない[1]」と指摘したように、現時点では高齢者教育に関する研究は十分に行われてきたとは言い難い。

これに対して、本研究では、第一に、先行研究の間隙を埋める目的から高齢者像の歴史的変遷過程を、1〔始発期〕、2〔展開期・前期〕、3〔展開期・中期／移行期〕、4〔展開期・後期〕の大きく四つの期に区切り、それぞれの時代的状況に即した検証を試みる。

　つづいて第二に、高齢者教育の実践を社会政策との関連で再検討を試みる。具体的には、1960年代後半にはじまった老人大学についての事例研究を行う。

　さらに、上記二点の検証結果を踏まえた上で、第三に、現在高齢者がおかれている状況の問題点を整理し、高齢者政策としてどのような高齢者像を示し、高齢者の学習環境を整備するべきかについての提言を試みることを最終目標とする。

　なお、このような検証を行う前提として、本研究では「高齢者教育」という語の概念を明確にしておきたい。これまでの多くの先行研究では、①〈高齢者を対象とする学〉と、②〈高齢者に教授する実践的教育行為〉の意味を明確に使い分けることなく、その両方の意味を含んだ概念として「高齢者教育」という語を用いてきた。そうした慣例にしたがい、本研究でも二つの意味を特段使い分ける必要がない場合には、その総称としての「高齢者教育」という語を用い、必要がある場合にのみ、どちらの意味であるかを明示することとする。

(2)　対象時期と研究方法

　考察の対象となる具体的な時期、および取り上げるテクストの発表時期、テクスト名は以下のとおりである。

1　〔始発期〕
　①明治期　1891年　穂積陳重『隠居論』初版／1889年-1892年　旧民法制定
　②大正期　1915年　穂積陳重『隠居論』増補改訂版

③和期（戦前）　橘覚勝『浴風会調査研究紀要』1-14号　1930年-1944年
　2〔展開期・前期〕
　　④1950年代　小林文成『老人は変わる』
　3〔展開期・中期／移行期〕
　　⑤1960年代　橘覚勝『老年教育に就ての一私見』／老人憲章〈私案〉
　4〔展開期・後期〕
　　⑥1970年代　堀薫夫『教育老年学の構造』

　まず、高齢者像の歴史的変遷過程をたどるうえで、本研究では上記のような4期6段階に区分して検証を行う。
　最初に〔始発期〕であるが、ここでは戦後1950年代にはじまる高齢者教育史（久保田、2006年、詳細は後述）の前史として、第二次世界大戦以前の高齢者像を、明治期、大正期、昭和期（戦前）の三つの時期に区分して検証する。
　たとえば『社会教育』『月刊社会教育』といった雑誌のなかでも、これまで数多くの実践例が報告されてきたが、端的に言って、そうした従来の高齢者教育論の多くは、その時々の政治・経済情勢だけを注視し、短期的視点から対処療法的な提言を述べるにとどまってきた。しかし、近年「2060年問題」（高齢者人口が39.9％に達し、国民の約2.5人に1人が65歳以上の高齢者になる社会が到来するという予想）という言葉がメディアで頻出するようになったことにも窺えるように、10年前よりも現在、現在よりも10年後、さらに30年後、50年後…と、高齢者問題が深刻化の一途をたどることが予想されている今日、高齢者教育論もまた、より中長期的な視点から分析する必要があることは言うまでもない。
　無論、そうした問題意識は、今日、研究者のなかでも共有されている。たとえば、堀薫夫も、著書『教育老年学と高齢者学習』（2012年）の中で、「社会の急激な高齢化と生涯学習社会への移行という2つの動向に彩られる今日、高齢者の社会参加活動と生涯学習活動の関連を明らかにする作業は、教育老

年学における重要な研究・実践上の課題であろう[2)]」と述べている。このような問題意識から、本研究では、今後いっそうの高齢者教育の拡充を図るための第一歩として、その歴史的検証を行うことが急務であると考え、まずは近代以降の高齢者像の歴史的変遷、および高齢者教育の成立過程の分析を行いたい。

とりわけ、日本の戦前および戦後における高齢者教育の成立と展開において重要な研究、あるいは実践を行ってきた人物として、本研究では穂積陳重（1855年-1926年）、橘覚勝（1900年-1978年）に注目し、彼らの著述の分析を通して、高齢者が歴史的に置かれてきた社会的処遇の変遷を明らかにしたい。各時代の高齢者像の相違点を検討することは、基礎研究となる高齢者教育の成立過程を明らかにすることにもなるだろう。

まず明治期、大正期の高齢者像については、旧民法の起草者の一人でもあった穂積陳重の著述の検証を通して、それぞれの時代の高齢者像とその変遷過程を明らかにする。特に、穂積の著作『隠居論』の中で〈理想的高齢者像〉と位置づけられた「優老」観についての検証を中心的に行う。

近世以前からの「隠居」という慣習に強い関心を抱いていた穂積は、イギリス留学中にも高齢者の社会保障政策について学んだ。この経験から穂積は、高齢者が家族に寄りかからずに一人で自立することを推奨し、そのための国家による社会保障の整備が急務であることを1915年に刊行された『隠居論』の中で訴えた。また、同書の中で穂積は、自らが理想とする、家族から自立した高齢者のあり方を「優老」と名づけた。

ただし、穂積の『隠居論』には、1891年に刊行された初版と、その後、彼がイギリス留学後の1915年、本書に大幅な加筆修正を行い、再度刊行した増補改訂版の二種類があり、両書は同一著者、同一タイトルでありながら内容は大きく異なっている。具体的に述べると、初版では高齢者と祖先崇拝の関連について書かれており、穂積は旧民法における家制度の条項同様に（1889年-1892年制定）、戸主と天皇、戸主と隠居との関係における祖先崇拝の重要

性を説いていた。ところが、初版から24年後に刊行された増補改訂版では、高齢者と祖先崇拝に関する記述が削除されると同時に、初版には詳しく記述されていなかった「優老」についての言説を大幅（200頁相当）に加筆した。そのため、両書は同一著者、同一タイトルでありながら、家族制度を強調した論から、市民社会における「自由」や「人権」を強調した論の趣旨が大きく変容している。したがって本研究では、前者と後者を別物として取り扱うこととした。

次に、昭和期（戦前）の高齢者像については、橘覚勝が1930年から1944年にかけて『浴風会調査研究紀要』に掲載した著述、および彼が高齢者への理解を深めるために行った教育活動から検討する。橘は日本における初の高齢者研究の学会である日本老年学会の設立に貢献し、今日の高齢者教育を含めた老年学に大きな影響を与えた人物である。

さらに〔展開期〕であるが、ここでは以下の3つの高齢者像、すなわち、〔展開期・前期〕を代表する思想として高齢者教育の先駆的役割を果たした小林文成（1900年-1995年）の高齢者像、〔展開期・中期／移行期〕を代表する思想として高齢者の学習環境の整備を訴求した先駆者である橘覚勝の高齢者像、および〔展開期・後期〕を代表する思想として高齢者教育論を体系化した堀薫夫の高齢者像を検証する。

長野県伊那市に高齢者の学習組織として楽生学園を創設した小林文成は、特に1950年代に活躍した教育実践者であったが、学園の運営上、必要不可欠となる高齢者を対象とした教育目標や理念を折にふれて講演や文章のなかで発表した高齢者教育論の先駆者でもあった。小林の高齢者教育論は、戦前の敬老思想からの脱却を訴え、社会的に自立した高齢者を理想像として提起した点に特徴があった。

橘覚勝は、戦前から高齢者研究を進め、1959年に日本老年学会を立ち上げ、精力的に日本における高齢者研究を展開していった。橘は、1960年代の老人大学を創設するための気運が高められた時期に、老人憲章〈私案〉（1962年）

を提唱した人物である。橘が老人大学〈私案〉において、高齢者の学習の権利保障を目指した提言は、その後の老人大学の学習目標の基礎となった点に特徴があった。

他方、堀薫夫は1970年代に展開された老人大学の類型化を行った人物であり、現在の高齢者教育研究は、これまで彼の学説を基礎として検討されてきた。そこで、1970年代の老人大学の成立過程、および、設立趣旨・学習目的に注目し、高齢者教育実践とその理論を分析する。特に、1970年代の高齢者教育実践の中心とされる老人大学での学習内容・方法・目的の特徴を析出して検討を行い、堀が提示した老人大学の類型を再検討するとともに、自らの類型の提示を試みる。

なお、堀は高齢者教育の発生の時期を自著のなかで1970年前後と規定しているが、この説に対して久保田（2006年）は異論を唱え、高齢者教育の嚆矢を1950年代の小林の高齢者教育論にまで遡った。そのため本研究では、自説を土台に従来の高齢者教育史の再編成を試みる。

第2節　先行研究、および問題の所在

高齢者教育に関する主たる先行研究には、大きく以下の4つの成果がある。

①社会教育における権利保障論
　・宮原誠一（『青年期教育の創造』1962年）
　・藤岡貞彦（「生涯学習の権利」1989年）
　・三浦嘉久（「楽生学園の今日的意義」2001年）
②余暇教育論
　・瀬沼克彰（『余暇と生涯教育』1979年）
　　経済発展と連動した高齢者の福祉サービスとしての学習の拡充
③教育福祉学

・小川利夫（『教育福祉の基本問題』1985年）
　教育の範疇から外れた高齢期の学習保障
・大橋謙策（「社会福祉と社会教育」1988年）
　高齢者の学習に関する社会福祉実践
④社会教育実践分析
・日高幸男（『老人と学習』1975年）
　高齢者教育における学習方法
・三浦文夫（『老いて学ぶ老いて拓く』1996年）
　老人大学の実践分析
・堀薫夫（『都市型老人大学受講者の実態と意識に関する調査研究』1999年／『「高齢社会と社会教育の課題」に関する文献』1985年）
　老人大学の類型化と高齢者教育の変遷

　まず①社会教育における権利保障論であるが、このジャンルのパイオニア的役割を果たしたのは戦後社会教育の発展に寄与した人物である宮原誠一である。宮原は著書『青年期教育の創造』(1962年）のなかで、高齢者が文化・学習活動を通して自ら変容させていく必要性を指摘し、高齢者の学習権運動の必要を訴えたが、肝心の高齢者が学ぶべき学習内容については具体的な研究は乏しかった。
　この宮原の社会教育における権利保障論を継承したのは藤岡貞彦であった。藤岡は、「生涯学習の権利の実現は、もとより高齢者にとどまるものではない。地域住民の生きた現実の中から生まれた『本来の生涯学習』は、広く各世代にわたり学校教育改造にまでおよぼすもの[3]」であるとし、高齢者による生涯学習の権利の重要性を唱えた。　さらに、三浦嘉久は藤岡論を踏襲して、憲法第25条の「すべての国民は、健康で文化的な最低限度の生活を営む権利を有する」に即して、高齢者自身が「『人間の尊厳にふさわしい生活』を求める生存権」を自発的に求めていく人権教育の必要性を説いた[4]。

②の余暇教育論であるが、瀬沼克彰は1979年の『余暇と生涯教育[5]』のなかで、経済発展と連動した福祉サービスとしての高齢者学習拡充の必要性を説いている。しかし、この余暇教育論は、「社会参加」という観点に焦点を当てた研究とはなっていないため、高齢者学習の目的として重要な要素が欠けている。

③の教育福祉学であるが、1978年『教育と福祉の理論』[6]を敢行した小川利夫は自著のなかで、それまでの教育学領域では死角となっていた教育と福祉の2つの領域にまたがる領域として、教育福祉学の創設を唱えた。この教育福祉学では、たとえば未就学児童や夜間中学にみる勤労青年の問題など、主として青少年の問題が研究対象となりがちだが、同書で小川は高齢者を対象とする教育福祉研究の必要性もあわせて訴えた。しかし、具体的な検討が十分に尽くされたとは言い難く、教育福祉学は小川の共同研究者であった大橋謙策によって引き継がれた。

1988年「社会福祉と社会教育[7]」を発表した大橋は、同論のなかで福祉行政において学習環境の整備が行われることの必要性を説いた。ただし、大橋の研究では高齢者の学習を福祉サービスとして捉え、学習環境の整備が高齢者教育の一側面としか考えられていない。

④の社会教育実践分析であるが、この分野の先駆的役割を果たしたのは日高幸男である。日高は高齢者の学習権の保障を前提としつつ、学習プログラムの実践やグループワークの推奨、さらに、高齢者が自主グループを組織する意義について論じてきた人物であるが[8]、1975年、高齢者教育における学習方法として『老人と学習』を刊行した。しかし、本書の概要は、1973年より高齢者教育の開設補助が始まることについての記述と、老人クラブの運営の手引きが中心であるため事例紹介の域にとどまり、高齢者教育論を具体的に論じたわけではなかった。

これに続いた三浦文夫は、1996年、著書『老いて学ぶ　老いて拓く』の中で老人大学の実践例を紹介した。本書の中で三浦は、老人大学が教育と福祉

の行政政策のなかで乖離し、十分に学習環境を整備することができないと指摘している。さらに三浦は同書で教育と福祉を統合した実践を行うべきだと積極的に論じているが、実際に教育と福祉の統合や連携を行う際に必要となる理論的構造については具体的に明らかにしていない。

一方、堀薫夫が、高齢者教育が長く福祉サービスとして捉えられてきた状況について問題視し、社会教育学の中の一分野として高齢者教育を位置づけた功績は大きい。特に、堀は高齢者教育の史的研究を行ってきた人物であり、彼の示した認識はその後の高齢者教育分野で小さからぬ影響力をもった。堀説によれば、1970年に始まるアメリカの高齢者教育研究が世界における高齢者教育の嚆矢だとされるが、以下に堀説の骨子を要約する。

1970年、ハワード・マクラスキーによってミシガン大学教育学部大学院においての教育老年学の学習プログラムが組まれたことが、高齢者の学習が教育として見做されるきっかけとなり[9]、その後1976年に雑誌『Educational Gerontology』が発刊されて以降、高齢者の教育について研究が進められていった。このように、高齢者の学習についての研究は世界的に見て1970年代以降である。

上記の認識に基づき、堀は日本の高齢者教育の嚆矢についても1970年代前後であるとしたが、その根拠は文部省が1965年から1970年にかけて全国に老人大学を設置したからだという。他方で堀は、日本の高齢者教育の源流である穂積の隠居研究や、小林や橘の高齢者観の分析についても言及しているが、必ずしもそれらを重視せず、踏み込んだ検討を行わなかった。

また、堀は高齢者教育の実践の場としての老人大学の類型化を試み、自著『老人大学の課題と展望』（1999年）の中で老人大学を4つに類型化し、高齢者の学習の実態を探る研究を行った[10]。本書で堀は老人大学を学習形態に合わせて教育行政と福祉行政の2つに分類し、さらに広域型と地域密着型に分け、4つの系統から老人大学を類型化する試みを行った。

この分析には、大きく2つの意義がある。1つは、高齢者の学習が教育と

して位置づけられているのか、福祉として位置づけられているのかを明確にすることの必要性を唱えた点であり、もう１つは、高齢者の学習を個人の学習要求に応える地域密着型の実践と、現代社会に即した高齢者のリーダーシップ養成を目的とした広域型の実践とに大別したことである。しかし、老人大学の類型を上記の４つに分類しなければならない必然性、および立論の根拠自体は存外薄く、さらに、この４つに分けた学習の特性の優位性について、同書の中では言及されていない。

後に堀は、上記の類型化を『教育老年学と高齢者学習』（2012年）のなかで、広域型をさらに都道府県型と大都市型とに分けた[11]。社会状況の変化にともない、高齢者の学習環境が変化したためであるという。その論文「高齢者学習ニーズに関する調査研究」の中で堀は、その理由を、高齢者の学習要求が都市部と地方では差が大きく、行政として求める高齢者像に差異がみられるために分類を細分化したのだとしている[12]。堀が老人大学を分類する際に指標としたのは、それまでの高齢者教育実践の教育と福祉の政策の狭間において、環境整備が進まない問題を顕在化することであった。そこで堀は、老人大学の実践に対して教育行政と福祉行政の所管の違いを明確に分類することで、老人大学の性質を明確にしようとした。

しかし、言うまでもなく、実際の高齢者教育実践においては教育と福祉は不可分のものである。老人大学の学習内容は、折々の政治状況と関連づけて分析しなければ、学習組織が目指す高齢者像についても明らかにすることはできない。

以上が高齢者教育に関する主たる先行研究であるが、このなかで本研究と問題意識が最も近いのは堀薫夫の高齢者教育論である。本研究では先行する堀の研究成果を踏襲して、高齢者教育の歴史的変遷過程を跡づけ、それにしたがって老人大学の類型化を試みるが、その際、堀自身の研究では論じられてこなかった1950年代の小林文成の実践例に着目し、小林を高齢者教育の嚆矢として社会教育史のなかに位置づけ直したい。さらに、老人大学の類型化

についても、堀が作成した行政所管の枠組みを外し、それぞれの老人大学の学習内容の性質を高齢者政策との関連から分析し、老人大学を分類することで、新しい類型化の提示を試みる。

第3節　用語の定義

　本研究を論じていく上での前提条件として、使用する語句をいくつか定義しておく必要がある。

1、「高齢者」と「老人」
　本研究では、基本的には「高齢者」という語を「老人」という語と同義であると見なす立場をとるが、歴史的文脈のなかで「老人」という語が過剰に「弱者」の意味を帯びて理解されてきたために、論文中では、よりニュートラルな表現である「高齢者」という語を用いることにする。ただし、引用文のなかで「老人」と書かれている場合には引用文に従う。また、「高齢者」のなかでも〈「老」＝智者〉と位置づけられていると判断される場合は、意図的に「老人」の語を使用する。

2、「隠居」
　旧民法における「隠居」という語は、〈家〉制度の中の権力者的なニュアンスを帯びる傾向があるが、本研究が分析対象とする穂積陳重の著書『隠居論』のなかで用いられる「隠居」の語は、広く「老人」一般を指す言葉として用いられている。明治大正当時、「隠居」（「ご隠居さん」など）という語は「老人」一般を指す言葉として定着していたことから、穂積もこの慣例に従ったものと想像される。以上の理由から、本研究では分析対象とする穂積の使用例、およびそれぞれの時代の語感を尊重して、穂積の使用例の場合にかぎり、また、穂積の使用例が先行研究で引用されている際は但し書きをつけ

るものとする。「隠居」の語を家督の委譲の如何にかかわらず、「老人」一般を指す語として使用する。

3、「老人大学」

　「老人大学」という語の定義についても諸説あるが、老人大学成立期での老人大学に焦点を当てているため、高齢者が高齢者問題について学習を行う集団である高齢者学級をここでは「老人大学」として用いることとする。したがって、行政が行う高齢者の学習活動のみを老人大学と呼ぶのではなく、民間団体についても広く「老人大学」と呼ぶこととする。この「老人大学」という言葉は、その後、全国で「ことぶき大学」、「高年大学」等、様々な呼び方はされつつも、高齢者の学習組織を総称して「老人大学」と呼ぶことは、一般通念であると言える。なお、今日では、「老人」という言葉が、「高齢者」へと変化したことによって、総称が「高齢者大学」へと変化しつつある。

注
1) 牧野篤『シニア世代の学びと社会』勁草書房、2009年、p.94。
2) 堀薫夫『教育老年学と高齢者学習』学文社、2012年、p.102。
3) 藤岡貞彦「生涯学習の権利」(『季刊　科学と思想』No.73、新日本出版社、1989年、p.95)。
4) 三浦嘉久「楽生学園の今日的意義」(日本社会教育学会第48回研究大会発表要旨集録、2001年)。
5) 瀬沼克彰『余暇と生涯教育』学文社、1979年。
6) 小川利夫・土井洋一編著『教育福祉の基本問題』一粒社、1985年。
7) 大橋謙策「社会福祉と社会教育」(日本社会教育学会編『現代社会教育の創造』東洋館出版社、1988年 p.410)。
8) 同前。
9) 堀薫夫「教育におけるエイジングの問題」(『福井県立短期大学研究紀要』第10号、1985年、pp.99-111。
10) 堀薫夫「老人大学の課題と展望」(大阪教育大学生涯教育計画論研究室『都市型

老人大学受講者の実態と意識に関する調査研究』1999年、p.63)。
11) 堀薫夫『教育老年学と高齢者学習』前掲、p.117。
12) 堀薫夫『教育老年学の展開』学文社、2006年、pp.122-143。

第1章　第二次世界大戦以前の高齢者像

　高齢者教育の嚆矢は1950年代後半である。この時代には、公民館という場において、青年会や婦人会によって民主化についての議論が多く行われていう。高齢者教育の実践者としての先駆的役割を果たしたのは小林文成（1900年-1995年）であるが、彼の場合も当時は長野県の公民館主事として、多くの青年会や婦人会の学習組織を運営していた。こうした環境の中から、高齢者を対象として、民主主義を理解するための学習組織、楽生学園（1954年-1981年）が創設された。

　この楽生学園では、高齢者が現代社会を理解し、現代生活に適応するための学習を行うという学習目標が掲げられていたが、その背景には小林の戦前の敬老思想に対する強い批判意識と、新しい時代に即した高齢者像を打ち立てたいという情熱があった。たとえば、小林は敗戦直後、老人という存在を、国家が「法律と道徳で国民を縛りつけ、それを教化によって訓練して、国民の自由とか人権というものを完全に無視していた[1]」「明治時代の教化によって、かたくなに仕込まれた[2]」者たちと捉え、そうした負の要素を払拭するために、老人たちに再教育を施す必要性を主張していた。具体的には、老人たちを同世代の者同士で集め、新憲法・新民法の知識の教授をベースとした「過去を語り、現代を認識する学習[3]」の機会を与えることで、旧い価値規範の「呪縛」から老人たちを「解放[4]」し、「現代に生きていく姿勢を身につけ[5]」させることができると述べていた。そして、彼が敬老思想を体現した書として直接の批判の対象としたのが、旧民法（1890年公布）の起草者の一人、穂積陳重（1856年-1926年）の著書『隠居論』（哲学書院、1892年）であった。

　本章では、この小林文成の高齢者像の特徴を論じるために、まずは彼が打

ち破ろうとした戦前の敬老思想、特に戦前の高齢者像を制度的に規定する役割を果たした穂積陳重が隠居について論じた言説（以下、隠居論と省略、書名を表す場合は『隠居論』と記述する）を再検討することで、戦前の高齢者が置かれていた歴史的状況を明らかにしたい。

さらに、昭和初期の高齢者像について検討するために、橘覚勝が高齢者研究を行った浴風会における研究である、『浴風会調査研究紀要』1-14号（1930年-1944年）と、全国の介護職員が高齢者の取り扱いについて能力向上を図ることを目的とした養老事業実務者講習会（1939年-1942年）での橘の講習内容について検討する。

第1節　明治期の高齢者像 —近代における敬老思想の形成—

(1)　近代の成立と隠居にみる高齢者像

はじめに、近代における家族の位置づけについて明らかにする。

穂積陳重が「國家發達の初期に於ては、民衆は未だ公生活に慣れず、未だ共同生活の利益を自覺するに至らなかつた[6]」と指摘したように、明治期にはまだ民衆のあいだに公共意識が根づいていなかった。その理由を白羽祐三は、「旧民法典を編纂しはじめた明治期頃にはまだ明治政府の公法上の基本方針が確立していなかったため[7]」であると指摘しているが、そもそも穂積をはじめとした旧民法の作成者たちでさえ、市民社会における「自由」や「人権」に対して充分に理解していたとは言い難い[8]。

この旧民法の制定に強い危機感を抱いたのが穂積八束だった。彼は「民法出デテ忠孝亡ブ[9]」とまで説き、「國民道徳ノ要旨」において下記に指摘しているように、日本が近代国家となったにせよ、祖先崇拝と忠孝の教えを抜きに日本精神は成り立たないと力説した。

我ガ民族特有ノ家トカ國トカ云フ體制ヲ一貫シテ居ル根本ノ柱タルモノハ祖先崇拝ノ大儀デアリマス。此ノ大黒柱ガアツテ、家トカ國トカガ支持セラル。又家トカ國トカガアツテ、之ヲ維持スルガ爲メノ忠孝ノ大義モアル[10]。

このような明治期における〈公〉意識の未発達を問題視した穂積陳重は、民衆を「家」によって規定することで「公」に組み込もうとした。このことは、牟田和恵が家族と「公」の関係について「根底として存在する家族主義をとってみても『公』が直接的に家族を管理する構図[11]」であったと指摘していることから理解できる。

さらに、「家」における家長である戸主の親である隠居者についても、家族制度のなかに組み込み、「血縁遠き親族を糾合して、これを一箇の団体に結束せんが爲めには、他に求心力として働くべき或種の原力を要すること必せり。此原力は即ち祖先祭祀なり[12]」として、隠居者を祖先祭祀の対象、さらには親孝行の対象として位置づけた。

しかし、家族制度を規定する以前の儒教思想における隠居は、明治期の国家政策のイデオロギーが注入されるような性質のものでなかった。穂積は、家族制度が規定される以前の隠居を宗教的隠居と呼んだ[13]。そして、穂積は、国家政策のイデオロギーのもとで「家」制度における権力を持った存在とした明治期の高齢者像を「政治的隠居」と呼んでいる[14]。近世からの流れとして隠居を捉える場合、竹田旦によれば、隠居を都市型と村落型の2つに分けることができ、それが近代へと受け継がれていったと考えることができる。そして、旧民法における隠居は近世までの隠居から変容し、通念として根づいた。この隠居慣行の歴史について、天野正子も「隠居慣行は、本格的には一五世紀の初期、武家社会に生まれ、近世に入って町人や農民の間に浸透していった[15]」と述べている。

この2つの違いについて述べると、都市型は、それまでの高齢者の社会経験から知識者として必要とされる武家社会の隠居であり、村落型は、農業や

漁業などの生産活動としては能力が衰えたものとして退隠すると同時に、長い経験から多くの知識を持つ者として、家における私生活に関しては限定して権限を持つ農村社会の隠居である[16]。

さらに、都市型の中でも、武家型の隠居について隠居研究の先駆者である竹田旦によると、「家」の隆盛を期待する行為であり、支障のない限り比較的長く家長の責任と権限を保持させようしていたと述べている[17]。この武家型隠居は、通称では、楽隠居と言われている。これは、旧民法が制定されて以降、一般的な慣習とはされず、特殊な事例として存在し続けた。竹田は、この旧民法による規定が「隠居に対する現在一般の通念を養成する有力な母胎[18]」となったと述べ、今日の一般通念としての隠居が、「本来都会の一部から発したもの[19]」であると指摘している。

このように、近代へと移行するとともに、高齢者像は変容していった。高齢者像の変容に大きく関わっているのが穂積陳重である。穂積は、近世までの日本における儒教思想を家族制度に組み込んだ人物である。穂積が、明治期に旧民法を起草し、家族制度を作ったことによって、高齢者は「家」において権力を持った存在へと変容していった。

(2) 家族制度論における隠居

本項では、穂積の家族制度論の展開について検討する。「家」概念は、1892年時点の民法典においては、未だ完全には確立されていなかった。しかし、1893年に設置された法典調査会での修正をきっかけとして、天皇を中心とした家父長制に基づいた「家」概念が確立した。

なお、家父長制度は、「明治二三年以降の政治権力の思想的堡塁であり、したがってまた政府の教育政策・思想施策の骨格をなしてきた[20]」ものである。

穂積は、「家」制度は血統を重んじたもので[21]、一般的な風俗として人間の社会集団を形成するうえで最も自然な集合体であると述べている[22]。この

ことは、下記の文章から理解できる。

　　日本の家督相續は誠に大切なるものでありまして血統を重んずる即ち皇統一世を戴く目出度き我國のことであります、然らば人民一般も家督を重んじ家名を重んずる、是れは先ず我日本の組織の第一原素と云ふて宜しい、(中略) 盡く相續を重んじ血統を重んずるのが我國の大體と云ふものは今に存じて居ります[23]。

　当初の旧民法の起草において、穂積は以上のように考えており、家族法も天皇制国家の枠組みの中で構想し、「家」を中軸として成り立つ権力構造に組み込ませようとしていた。したがって、敬老思想における家族においては、子の親に対する恭順、孝行という面が強調され、それゆえ高齢者である隠居者が権力を持つ形が取られた。同時に、穂積は理想的高齢者像として「優老」を設定し、それを民衆に広めた。
　穂積が高齢者の社会政策について考えるに至ったのは、穂積がこれまでの隠居の性質について歴史的変遷を辿りながら体系的に理解することで、これらの高齢者政策の基礎研究としようとしたからである。
　はじめに穂積は、隠居の起源について検討している。穂積は、隠居の語源について「隠居の語は古来支那に於いては、野に隠逸し、出でて仕えざるの義に用い、一旦出仕して後致事退隠せる場合に用いたるは、却って変例に属するが如し。本邦に於ける用例は之に反し、多くは仕を致した後、山荘里第に退居する場合を云ひ、その始めは一の動詞として之を使用せしも、その後之を名詞に転用し、広く退隠の事実及び隠退者をも隠居と称するに至りたるものの如し[24]」と説明している。
　このように、隠居の成立について総体的に論じたことは高く評価できるが、橘覚勝は、穂積の隠居に関する研究の中で「『致仕隠居』という意味で隠居ということが、相当古くから行われ（令義解、続日本記など）、それが次第に制度化したことがわかるのである。その理由として、宗教的隠居、政治的隠居、法律的隠居、生理学的隠居というような名があげられている[25]」と、そ

の他にも隠居の語源はいくつもあり、穂積の論が定説ではないと指摘している。

それでは、旧民法においては、「隠居」はどのような意味をもつ言葉として使われていたのであろうか。旧民法を制定する際、穂積は隠居について規定することで法的にその存在を保障していた。特に、穂積は、法律に規定された隠居を「法律的隠居[26]」と呼んでいる。

  第七百五十二條　戸主ハ左ニ掲ケタル條件ノ具備スルニ非サレハ隠居ヲ為スコトヲ得ス
   一　　滿六十年以上ナルコト
   二　　完全ノ能力ヲ有スル家督相續人カ相續ノ單純承認ヲ爲スコト[27]

旧民法上ではこの条項において、隠居を60歳以上と定めている。ただし、「老人」の思想、習慣を考えるとき、高齢者・家長の権限をどのようなかたちにしたのか、隠居者は家長の権限を保持できなかったのか、さらに、高齢者の女性の扱われ方がどのようなものであったのかなど多くの疑問も残る。

では、穂積自身は、家長の言葉に使用される「長」という言葉についてどのような考えを持っていたのだろうか。

穂積は、リーダーとして組織の中心にいる者に対して「長」という言葉を使用するだけでなく、高齢者が権力を持った時に使用される言葉であると述べている。それを示す記述として以下の文章を挙げる。

  衆人の主位に在りて之を統ぶる者を「長」と称するも、往時高齢者が権力者たりしより来れる称号なり。古来「氏の長者」「酋長」「族長」「里長」「亭長」「伍長」「家長」等の称ありしは人の知る所なり。現今既に老を以て官職公職の名とすること無きに至れるも、仍ほ官衙公署の首位者、公私国体の統率者等にして「長」を以て其官名若くは職名するもの極めて多し、例えば「大審院長」「行政裁判所長官」「参謀総長」「大学総長」「衆議院議長」等を始めとして、「局長」「所長」「署長」「郡長」「市長」「町長」「村長」「社長」「酋長」「組長」「園長」等枚挙する遑あらず[28]。

さらに、ここで注目すべき点は、「往時高齢者が権力者たりしより来れる称号」と「高齢者」という語を使用していることである。一般的に戦後に使用されているかのような「高齢者」という表現を、当時から穂積は使用していたことが理解できる。

以上のように、家族制度における隠居の性質について、穂積の言説を中心に考察してきた。近代の形成過程で、「公」のなかに「家」が取り込まれていくなか隠居の定義も変容を余儀なくされた。そして、近代以前の儒教思想における隠居の社会通念から次第に逸脱し、「家」における「祖先祭祀」の対象としての隠居者として位置付けられていったといえる。

(3) 明治期の『隠居論』における高齢者像

穂積は、1891年に『隠居論』（初版）を出版し、近代日本における高齢者の在り方について提起した。初版は大幅に内容を変更され、増補改訂版が1915年に出版されている。増補改訂版の『隠居論』に書かれている「優老」が、近代における高齢者の理想像として描かれている。

しかし『隠居論』は、長らく研究の対象とはされず、そのため、明治期には高齢者研究は存在しなかったという見解が支配的であったが、老年学の対象として『隠居論』に初めて光を当てたのが、高齢者の学習権論を提唱した橘覚勝の『老年学』（弘文館、1941年）であった。当然のことながら、高齢者教育の変遷についてのいかなる先行研究においても、第二次世界大戦以前について考察した研究はなされていない。さらに、社会教育学においても、穂積の隠居論に関する研究はこれまでされてこなかった。

多数ある穂積の著書の中で、隠居に関するものとしては、『隠居論』（哲学書院、1892年　増補改訂版、有斐閣書房、1915年）以外では、『法窓夜話』（有斐閣、1916年）、『祖先祭祀ト日本法律』（有斐閣、1917年）、『五人組制度論』（有斐閣、1921年）、『神権説と民約説』（岩波書店、1928年）、『祭祀及礼と法律』（岩波書店、1928年）、『慣習と法』（岩波書店、1929年）、「祭祀と法律」（1896年講演『穂

積陳重遺文集』第二冊、岩波書店、1932年)、『法窓夜話　続』(岩波書店、1980年)等が挙げられる。

　これらの著作のほとんどは、隠居者を祖先祭祀として崇拝すべき存在として置き、家父長制における戸主を超越する存在として位置づけることを論じた法制度研究であるが、そうした中で『隠居論』は、具体的に隠居者をどのような存在として近代社会に位置づけるべきかを論じた著作であり、他と比較して特徴的である。

　穂積の『隠居論』についての先行研究としては、家族制度の視点から隠居の在り方を考察した湯沢雍彦[29]、荷見武敬[30]、川島武宜[31]の研究や、高齢期の社会権として養老基金を中心として考察を行った松尾敬一[32]、菊池勇夫[33]の研究、ならびに、祖先祭祀と隠居について民俗学の視点から考察した森謙二[34]、竹田旦[35]の研究が挙げられる。しかし、社会教育学の視点からの『隠居論』研究は未だなく、そのため、穂積が述べる「優老」の高齢社会をどのように作ればよいのかについての検討は未だ行われていない。

　法学者である湯沢雍彦は、「日本において高齢者を科学研究の対象とすることは、儒教的敬老思想の考察を除くと第2次大戦前までほとんど存在しなかった[36]」と論じた上で、『隠居論』を高齢者研究における先駆的研究であったと述べている。

　この先駆的研究としての位置づけは、荷見によって以下のように指摘されている。

>　現代の老年学が追求している基本的テーマのうちのいくつか—例えば老人処遇の歴史、老齢年金問題、社会権としての老人権—が真正面からとりあげられているが、前述のような学問的発展段階からすれば、国際的レベルをはるかに超えた先見的な問題提起であったといえよう[37]。

　すなわち、世界的にも先駆的な高齢者研究であったとの指摘をしている。松尾敬一も同様の指摘をし、「二〇世紀初頭における社会立法を優老の法則

という隠居論の枠の中ではあるが、養老基金を高く評価し、その社会権的性質に着目する迄に至っている[38]」と評している。

これらの研究は、儒教的敬老思想の観点から高齢者についての考察ではなく、高齢者に関する科学的研究であると『隠居論』を評価しているといえる。また、同様に『隠居論』が、高齢者処遇の歴史的認識、老齢年金問題、高齢者の人権などを取り上げており、介護保険問題や、高齢者の社会保障・社会福祉問題などの現代の高齢者問題に関する視座が示された先駆的研究であると評価しているのである。

一方、穂積が『隠居論』のなかで分析している高齢者像についての評価は、否定的なものが多い。たとえば、竹田は、『隠居論』が終始文献資料の域を脱しておらず、「蛮俗」まで引用しながら、自国の村落社会における習俗にはついに触れるところがほとんどないと述べている。近世以前の穂積の論には、『全国民事慣例類集』『局典類纂』などを引用して「平民間」の隠居俗を説いているにすぎないと批判している[39]。この分析は、穂積の隠居論が、近代の隠居ではなく、広く高齢者全般について論じているという批判である。

この指摘は、先述の村落型隠居について、近代以降どのように変容していったのか具体的な検証が行われていないため、隠居論を武家型隠居として断定して論じていることへの批判である。

ただし、そもそも穂積の研究は民族学の立場からの研究を目的としたものではなく、法学者としての穂積が、社会政策として、近代において家族制度を踏まえつつ高齢者像を提起したものであって、近世から近代への隠居の変容をみる際に、実証研究として雑誌『郷土研究』などの資料を丁寧に調査すべきであるという民俗学の立場からの竹田の批判は、妥当な批判とは言い難い。

民俗学の立場からの穂積の『隠居論』についての検討は、森謙二によってもなされており、家族制度史の中で近代高齢者について取扱い、多大な学術的提言をおこなった著作であると位置付けられている[40]。森は、穂積の隠居

を、イデオロギーとしての祖先祭祀の観点で捉えた。本来、祖先祭祀の一環として、隠居者は崇拝される存在として位置付けられてきたものである。特に、近代になって国家統制のなかに祖先祭祀が組み込まれ、隠居者は家父長制度のなかで、崇拝されるものとしての位置付けと穂積は考えていたと、森は分析した。

以上、穂積の隠居論の先行研究を挙げてきたが、上述の通り、穂積の隠居論の分析は、高齢者政策として「優老」を解明するものではなく、表層的な分析に留まっている。

つづいて、初版『隠居論』の内容について述べたい。本書における重要なテーマの一つが「優老」という概念である。穂積は、隠居した高齢者の生活のあり方に段階的評価を加え、その最たるものを優老とし、これを望ましい高齢者のあり方であるとし、その特長として二点を挙げている。一つは内因として「一社會に於ける多衆が常に老人に對して尊敬を表するに至る心的状態を指すもの」であるとし、もう一つは外因として「社会の多衆が常に老人に對して尊敬の意を表すこと」であるという[41]。

橘はこの「優老」の観念について、「社会では家族的な優位、経済的な上位によるよりも、老人自身の過去のゆたかな経験や知恵や技能によって、政治的に宗教的にまた呪術的に役立つと言う未開社会の要請からあらわれる[42]」ものであると論じている。

しかし、初版『隠居論』における「優老」については、そのほとんどが、イギリス留学（1876年-1880年）においての社会保障制度についての紹介であり、日本においての「優老」である高齢者政策についての記述は見られない。

以上のように、穂積についてはこれまで多くの研究が行われてきたが、本研究が特に分析の中心とするのは、彼の考える主体的な高齢者像としての「優老」である。明治期の穂積の初版『隠居論』においては、「家」の長としての存在として位置づけたことについての記述はあるが、大正期に書かれた増補改訂版『隠居論』に見られる具体的な「優老」の記述は見当たらない。

そこで、次節では、穂積が儒教的な敬老思想観を再検討しようとした増補改訂版『隠居論』のなかでも、特に、高齢者の社会権（＝「老人権」）の獲得に着目して検討する。

第2節　大正期の高齢者像 ―穂積陳重の『隠居論』を中心として―

(1)　穂積陳重の社会保障政策研究の芽生え

穂積は、大正期になると時代的変容により高齢者に対する考え方も変容してゆく。その最大の理由には、穂積がイギリスへ留学し、社会保障制度について学んだことが契機となっている。明治期の穂積の考える高齢者は、「家」において権力を持った存在であった。しかし、穂積の高齢者像は、大正期の高齢者像には大きく変容し、高齢者の社会保障の整備を徹底し、高齢者が自立した生活を送ることを目指すようになった。この時期の穂積について、川島武宜は、彼を「市民的自由主義者」と位置付けて、市民社会思想が強かった時代のイギリスに留学をしたことで、日本の国家形成に市民社会思想を組み込んだ人物であったと指摘している[43]。

この高齢者像の変容が顕著に表れているのが、大正期に増補改訂版として再出版された穂積の『隠居論』のなかの「優老」である。なお、増補改訂版の『隠居論』(1915年) は、1912年に東京帝国大学を退職してから再編纂されたものである。

ここでは、「優老」を提唱する契機となったイギリスでの研究調査について明らかにする。

穂積はイギリスに留学をし、イギリスにおける高齢者福祉制度を学んだ。その経験がもとになって、高齢者の社会保障に対する関心が高まった。帰国してから穂積は、養老基金法と貧民救助法についての研究を行い、この2つが、高齢者が社会の一員として生活するために必要な権利として社会権を高

齢者に付与したものであると分析している。なお、この穂積の提唱する養老基金法と貧民救助法について菊池勇夫は、2つを総称して「老人権」と呼んでいる[44]。

穂積は、ヨーロッパにおける養老基金法の浸透について、「此の老人に年金若くは集金を給付すると云ふことは謂はば『第二十世紀の問題』と云って宜しいことでありまして、丁度前世紀末から現世紀の初めに渉り、最も多く欧羅巴諸国に於て研究討議せられ、第十九世紀と第二十世紀との境界に於て諸国の法制が整った[45]」と述べており、イギリスに留学し、養老基金法を調査した理由は、日本に同様の社会保障制度をいち早く取り入れるためであった。

養老基金について、「慈恵若くは救助の為めに其の基金を給与するものに非ずして、権利として之を要求することを許すにあり[46]」として、高齢者に対して働かずしても、生存する権利として金銭の給付があるべきであると、穂積は唱えている。

そして、養老基金自体を社会権として捉え、「養老期金は斯の如き性質の権利であって、社会の性質上より発生し、老人が社会員たるの資格を以て之を獲得するものであるが故に之を社会権の一なりとすべきものである[47]」と述べ、高齢者が社会の構成員として権利を主張すべきであると穂積は考えていた。この内容に関わる穂積の論述について、以下に記す。

> 人が人類の一員として有する権利、例へば生命、身体、財産に関する権利の如きは、之を人類権と云ふことを得べく、親族の一員として有する権利、例えば親権、夫権の如きものは之を親族権と云ふことを得べく、国民の一員として有する権利、例えば選挙権、被選挙権等の如きは之を国民権と云ふことを得べきが如く、老人が特に社会の一員として有する権利、例えば養老基金権の如きは、之を社会権と称するを以てもっとも適当とすべきなり[48]。

穂積がこのなかで述べていることは、社会権として、親権や家長としての権利や、国民としての選挙権があるように、高齢者が社会の一員として養老

基金権があるのは当然のことであるという考え方である。

くわえて、貧民救助法についても穂積は日本の社会保障制度に取り入れる必要があると考えていた。穂積は、養老基金法と貧民救助法が両立しなければならないとも説いている。この内容に関わる穂積の論述について、以下に記す。

> 養老期金法[ママ]と貧民救助法とが根底に於て其主義を異にする所以にして救貧法は老療、疾病、災厄、怠惰等、其原因の如何を問はず、貧困に陥りたる不幸の同胞を憐みて之を救助するを主義とするものなるを以て、其救助を受くる者は、権利として之を要求するに非ずして、恩恵として之を受け、且つ之を受くるが為めに其自由を制限せられ、其他公民として種々の資格を失ふものとす[49]。

そして、穂積は、「然るに養老期金法[ママ]は之と全く其主義を異にし、一定の老齢を以て期金取得の原因と為し、其権利の実行を訴求すべき国家機関を設け、期金受領者は毫も其自由を制限せられ又は如何なる点に於ても之が為めに失格を生ずることなきものとせり[50]」と述べ、一般的には養老基金が必要であるが、福祉を必要としている場合には、貧民救助が必要であり、この２つが必要であるとした。貧民救助法に関して述べると、救助の対象となったものは、その代替として、権利が制限される必要があると述べ、今日の生活保護法のような形を念頭に置いていた。さらに、養老期金については、年金制度が円滑に進むように独立した国家機関を設け、救助と異なり、権利が制限されないようにする必要があると考えた。

さらに、救済に関わる制度の具体案として、穂積は、「家族制の社会に於ては老幼及び疾病あるものは其家に於て之を扶養し、貧困者は其家の親族に於て之を救助するを常とするも、尚ほ鰥寡孤独癈疾貧窮の者は国費を以って之を賑恤せざる可らざることあり、況んや個人制の社会に於ては、自活の能力無き者は直ちに国、地方団体若くは公共慈善団体の負担を為るを以て、近時泰西諸国に於て老、幼、疾病、貧困の者に対する社会政策の法制を設くるを以て急務なりとするに至れり[51]」と述べている。穂積が、イギリスで学

習したことは、家族性の強い社会において、高齢者や子どもは家族が扶養し、貧困者は親族が救助するのが通常であったが、ヨーロッパのような自由主義社会においては、高齢者や子ども、疾病、貧困者への対策は社会政策として国家が法制度を整える必要があると言うことであった。そして、日本においては、社会政策を整えることが急務であるとの考えを示した。

　以上の高齢者に関わる権利である養老基金法と貧民救助法について、穂積の見解を考察してきた。穂積は、高齢者が長生きすれば、それに伴って必ず起こってくる衰弱を疾病の一種であると捉えており、したがって高齢者が生活をする上で、困難となる問題について、保障をすることは重要なことであると考えていた[52]。さらに高齢者の保障の範囲については、社会の構成員としてすべての高齢者に必要とされる権利（＝社会権）であると考えていた。

　それでは、穂積が考える社会の構成員としての高齢者の社会的役割について検討する。

　穂積は、「老人の社會に於ける地位は文化の發達に伴うて上進するものなり[53]」と述べているように、高齢者の地位が、社会の指標となると考えていた。その理由は、高齢者は経済的に生産力が低く弱者となりやすく、さらに、知識伝達者として隠居できる高齢者も限られているために、高齢者が社会から排除される傾向が多分に存在するからである。しかし、市民社会が形成され、成熟した社会を形成している国家であれば、高齢者に対する社会保障＝老人権が、社会に根付いているはずであるという考えである[54]。

　なぜなら高齢者も社会の構成員であるから、高齢者も安心して生活できる保障を受ける権利（＝養老基金）があり、また、貧困になった場合には救済を受ける権利（＝貧民救助）があると考えていたのである。

　つづいて、穂積は日本社会にとって必要な養老基金と貧困救助（＝老人権）の法制度上の整備をどのように推し進めて行けば良いと考えていたのかについて明らかにしてゆく。

　まず、穂積は、高齢者が「老人権」を獲得するまでには、3つの段階を経

て今日に至っていると考えていた。この3段階を「老人虐待の時代」、「老人優待の時代」、「老人権承認の時代」と穂積は称している（図1参照）。

この3段階は、社会の成熟度に応じた高齢者の処遇を段階に分けて分類したものである。まず、老人虐待の時代については、「抑々文化最低級の蛮族にありては、劣等なる生存競争の為めに、老人を殺して其肉を啖ひ、或は老人を山野遺棄するの醜俗往々にして行はる、之を老者虐待の時代とす」と述べており、高齢者を単なる、生産能力の低い者として捉えられていたのである。

老人優待の時代になって、社会制度が整備されるようになり、さらに家族社会が浸透するなかで敬老思想が生まれた。穂積は「生存競争の状態は漸く一変して腕力的生存競争より知力的生存競争に遷り、経験に富み、慣例を記憶する老人は、勇猛にしてある戦功壮者と玄玄んで社会の尊敬を受け、「老」を以て尊称とし、養老の典を設け、老人の刑を減軽する等の特例を生ずるに至る、之を老者優待の時代とす」と老人優待の時代について述べている。この時代には、経験に富んだ社会的に尊敬できる高齢者に「老」という称号を与え、地位や生活の保障を行う優遇制度が作られた。

そして、老人権承認の時代について、穂積は、「文化倍々発展し、社会的

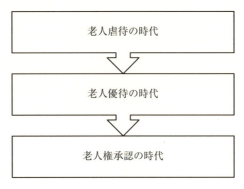

図1：「老人権」獲得へのプロセス[55)]

徳義の公認せられて法律の圏内に入るもの多きに隨ひ、老人の地位は愈々上進し、意に老人は社会に対して生活の資料を要求する権利を有するものとせらるるに至る。之を老人権承認の時代とす[56]」と述べ、高齢者の地位が向上し、高齢者が安定した生活を送るための権利を要求することができる社会を穂積が最終的に求めていた。高齢者福祉に関する法整備は、近代国家として不可欠の法整備であると考えていたのである。

穂積が、「老人権承認の時代」で述べたことは、高齢者が社会の一員として構成するためには、生活の社会的保障が成立した上でなければならないということを意味しており、彼が社会権の確立を切望していたことが窺える。

以上のような歴史的経緯を経て、穂積は、日本社会において「老人権」が確立され、理想とする「優老」の条件整備がされると考えていた。

(2) 穂積陳重の考える優老

ここでは、近代社会において自立した高齢者像を描き、その理想が「優老」であると論じている穂積が、どのような高齢者像を示しているのかについて述べる。

「優老」という概念は、増補改訂版の大幅に内容が変えられた第8編「隠居の将来」のなかで初めて述べられた。穂積は、初版では隠居不要論をとっていたが、増補改訂版になり隠居の存続を擁護するようになっていったのである。隠居の存廃をめぐって増補改訂版でかなりの加筆修正が行われており、彼の中においてもこれからの高齢者像についての考え方の変化が生じていたと推測される。

増補改訂版『隠居論』を再販した理由として、穂積は以下のように述べている。

　　本邦に於ては、古来この制度の発達したるにも係らず之に関する学者の論著は従来殆ど絶無にして、文書記録の徴証すべきもの亦た甚だ乏しく、加ふるに著者の浅識寡聞なるを以てせいかば、当時或は渉猟の未だ周からず、稽査の未だ尽さ

ざるものあり、或は論拠精緻を缺くが為めに、往々其断案を他日に保留するの已むを得ざるもの亦た是れなきに非ざりき[57]

と述べている。さらに、先述したイギリス留学において養老基金制度について学んで、穂積の理想とすべき高齢者像を確固たるものにしたことも、高齢者像の変化に大きな影響を与えたと考えられる。以上が、増補改訂版を発刊するに至った要因であるといえる。以下に、書版と増補改訂版の目次を示す（表1参照）。

それでは、隠居者について穂積はどのように考えていたのか。穂積が隠居者の存在を「多年にわたり社会の進展に寄与してきた者[58]」と規定していることを踏まえなければならない。これは、単に、封建社会において規定されてきた家族における優位性や、経済的上位にいる者としてのみではなく、高齢者自身が豊かな経験や知恵や技能によって、自然発生的に高齢者が政治的に、宗教的に役立つ未開社会においても必要とされる存在として、これまで位置付けられてきたという意味である。しかし、近代においては、この高齢者像を打破し、優老を目指す必要があると穂積は述べている。この優老とは、高齢者が主体的に社会生活を営むことを指している。この社会生活とは、高齢者福祉など社会福祉の増進を主体的に考え行動することを意味している。したがって、高齢者は優老となるために、自助努力をすることが必要であると穂積は考えていた。

このことは、以下の穂積の記述からも理解できる。まず、穂積は、近代の「家」における高齢者の位置付けについて、基本的には近代以前からの儒教思想にみる親孝行として高齢者を尊ぶことは重要であるとしている。

衣食既に足りて排老の俗漸く其跡を飲め、恩人として父祖を敬愛し、智者として耆老を尊敬するの習俗を生ずるに至れば、老人を尊敬するを以て善行なりとするの観念漸く發達し、聖賢出でて教を布くに及んでは、孝悌を以て道徳の本とし、老者を尊び長者を敬ふを以て徳行の大なるものと爲すに至る。尚老の習俗は父母

表1：穂積陳重『隠居論』初版と増補改訂版の比較

初　版				増補改訂版			
第1編　隠居への起源 （64ページ）		第1章	食人俗	第1編　隠居への起源 （116ページ）		第1章	食人俗
		第2章	殺老俗			第2章	殺老俗
		第3章	棄老俗			第3章	棄老俗
		第4章	退隠俗			第4章	退隠俗
第2編　隠居の種類 （43ページ）		第1章	宗教的隠居	第2編　隠居の種類 （48ページ）		第1章	宗教的隠居
		第2章	政治的隠居			第2章	政治的隠居
		第3章	法律的隠居			第3章	法律的隠居
		第4章	生理的隠居			第4章	生理的隠居
第3編　隠居の名称 （18ページ）		第1章	隠居の事実	第3編　隠居の名称 （20ページ）		第1章	隠居の事実
		第2章	隠居の名称			第2章	隠居の名称
第4編　隠居の年齢 （22ページ）		第1章	第1期の 隠居年齢	第4編　隠居の年齢 （34ページ）		第1章	第1期の 隠居年齢
		第2章	第2期の 隠居年齢			第2章	第2期の 隠居年齢
		第3章	第3期の 隠居年齢			第3章	第3期の 隠居年齢
				第5編 隠居の性質及び要件 （66ページ）		第1章	隠居の性質
						第2章	隠居の要件
				第6編 隠居の無効及び取消 （46ページ）		第1章	隠居の無効
						第2章	隠居の取消
第5編　隠居の効果 （81ページ）		第1章	身分上の効果	第7編　隠居の効果 （168ページ）		第1章	一般の効果
		第2章	財産上の効果			第2章	身分上の効果
						第3章	財産上の効果
						第4章	訴訟上の効果
第6編　隠居の将来 （32ページ）		第1章	廃隠居論	第8編　隠居の将来 （225ページ）		第1章	優老の習俗
		第2章	優老俗			第2章	優老の徳教
						第3章	優老の礼制
						第4章	優老の法制
						第5章	隠居の存廃

注：湯川雍彦「穂積陳重における『隠居論』の発展」（『社会老年学』No.6、1977年、p.96)、荷見武敬「解題」（穂積陳重『隠居論』日本経済評論社、1958年復刻、p.2）を参考に本稿筆者が作成。

に對する親愛と、智者に對する尊敬とに出でたること、前に述べたるが如しと雖も、尚老の德教は主として父母に對する親愛の情に基きたるものの如し[59]

　しかし、穂積は「老人の社會に於ける地位は文化の發達に伴うて上進するものなり[60]」と述べているように、社会的発展の如何によって、高齢者の立場が向上すると考えていた。したがって、戸主・家長が高齢者を養うためにも国家が文化的・経済的に発展することが条件であるということを意味している。それは、穂積が「後ち衣食稍々足り、老衰者が社會生活の裏面に退隱し、子弟の扶養を受けて晩年を終はるの習俗を生ずるに至れるは、文化既に發展して社会的同情の大に發達したるの徵と爲すべきなり[61]」と述べていることからも理解できる。
　したがって、穂積は、高齢者が当然のこととして、次世代から敬われるべき存在であるとは考えていなかったと言え、先ほど述べたように、穂積は、優老の社会を築くために高齢者が自活するための努力が必要であると考えていた。
　この優老の社会を築くために、穂積はこれまでの社会において高齢者がどのような処遇であったのかについて5段階に分けて説明している。5段階とは、①食老、②殺老、③棄老、④退隠、⑤優老である。穂積は、この5段階に対して評価を加え、食老→殺老→棄老→退隠→優老の5段階評価を提唱した（図2参照）。
　それでは、優老に至るまでの食老、殺老、棄老、退隠を含めて隠居とは、どのような社会を指しているのかについて以下に述べる。
　食老とは、食料がない時代では、弱った高齢者を若者が食べる社会を指している。殺老は、生産能力の衰えていった高齢者を生活手段から切り離すために殺す社会を指している。棄老は、「姥棄て」に見られるように、殺さない代わりに、高齢者を棄てる社会を指している。この3種類は、社会が発達していない「蛮族」の社会と穂積は述べている。その上に、穂積は退隠があ

注：穂積陳重「第一篇 隠居の起源」(『隠居論』有斐閣書房1915年) をもとに筆者作成。

図2：隠居の階層構造

るとしている。退隠とは、現代の「退職」・「リタイア」と同じように、社会的集団から抜けて保護をされることを指している。これらの上に位置する高齢社会として穂積は、「優老」という概念を作った。

　老人権獲得への3段階とは、先述の優老の階層構造と連動しており、老人権承認の時代における高齢者像＝優老であるという関係で穂積は考えていた。したがって、老人権獲得へのプロセスと、優老の階層構造を比較して図にすると、上記のように示すことができる (図3参照)。

　「老人虐待の時代」とは、食老、殺老、棄老の時代の社会的処遇の総称である。この3つの段階では、高齢者は虐待を受ける存在として論じられている。「老人優待の時代」とは、退隠のことを指している。高齢者が優遇を受けている存在として穂積は、社会的処遇をこのように呼んでいる。最後に「老人権承認の時代」は、優老を目指す社会状況の呼称である。

　老人権承認の時代として、穂積は、優老の具体的内容を、2つの視点から考えなければならないとした。これは内因と外因の2種類である。内因は、「一社會に於ける多衆が常に老人に對して尊敬を表するに至る心的状態を指すもの」として、高齢者に対して自然と敬いたいと思う気持ちになるような

第1章　第二次世界大戦以前の高齢者像　35

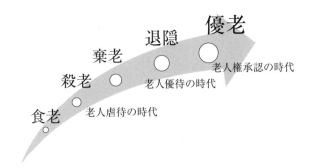

注：筆者作成。

図3：老人権獲得へのプロセスと隠居の階層構造の比較

高齢者とはいかなる存在であるのかについて、外因は、「社会の多衆が常に老人に對して尊敬の意を表すこと」として、高齢者を尊敬するような社会状況をどのように作るのかについてである[62]。

まず、内因について詳しく述べると、穂積は、次世代が親に対する親孝行の気持ちを持ち、さらにこれまで経験を積み重ねてきた深い経験を持った智者であるということを意識することであると考えていた。このことは、下記の文章から理解することができる。

> 養老俗発生の内因中、情素は先に存し、智素は後に生じたるものなるを以て、親愛の情より生ずる老者敬愛の習俗は、衣食稍々裕かなるに至れば、直ちに其端緒を発するものなるも、老人を智者として尊敬するに至るは、平和の生活を以て状態とし、慣習の勢力漸く大なるに至りたる後の事に属するものなり[63]。

穂積は、外因について①生活資料の充足、②平和生活の達成、③慣習の勢力の必要性の3つを具体的に挙げている[64]。

1つめの生活資料の充足について、穂積は、未開社会において高齢者にとって十分な生活を送るだけの環境が整っていなかったために、穂積としては、高齢者を食べる（＝食老）や、高齢者を殺す（＝殺老）、高齢者を捨てる（＝

棄老)、といった状況が存在しており、理想とすべき高齢者像を啓蒙する前段階として、高齢者が安心して（平和的に）生活を送る環境醸成が必要であると考えていた。

2つめの平和生活の達成について、穂積は、社会が平和になり、社会生活が安定すると、社会的勢力が壮年期から高齢期に移り、社会の権力構造が変容するので、高齢者が尊敬される人物として社会に貢献しなければならないと述べている。

3つめの慣習の勢力の必要性について、穂積は次のように述べている。

> 記憶は低級文化の社会に於ける最強の統制力と為り、社会各方面に於ける権力者は、自ら教示者なるか又は教示者を利用して人を支配する者に非ざるは莫し。而して記憶は年を積み、経験を累ねるに非ざれば得る能はざるものなるを以て、老人は自ら慣習の記憶を専有し、故実典例の教示者たり、随つて社会の生存競争が腕力的競争より智力的競争に進むと共に、老人の地位は上進し、権力長老に帰するに至るものなり

平和な社会生活が営まれるようになると、社会や組織において統制が取れる人物は、知識や情報量が多い者となり、知識や情報量に長けた高齢者の存在が必然的に不可欠になると考えた。

以上の見解から穂積は優老の社会における隠居を6つの項目で定義した（表2参照）。

表2：隠居の定義[65]

①隠居は純然たる家制の要素なり。
②隠居は戸主権の完全なる行使の保障なり。
③隠居は古来の習慣に基きたるものなるを以て、今遽に法を以て之を廃せんとするも、徒らに其名を廃して其実を存するに止まり、其法律は空文に帰す可し。
④隠居の習俗は社会の進歩程度に応じ、事実上必要なる限度に於ても之を存続す。

⑤隠居は人性に基づける普遍の現象にして、個人性社会に於ても之を廃すること能はず。

⑥隠居は健全なる家族制の維持に必要なるを以て其弊は廃すべし、その制は廃すべからず。

　以上から、隠居は「家」制度に位置付くものであることを大前提とし、古来の風習である祖先崇拝や高齢者の経験の重要性を示した。そして、高齢者の人権の尊重と、生活保障としての社会権の必要性を説いた。これらが充たされた社会において、優老が存立すると考えたからである。穂積の隠居論では、高齢者のあるべき姿を、内的要素として高齢者自身が社会貢献する役割を意識するだけではなく、外的要素として挙げた社会保障の社会的是正と老人権の確立も重要であると述べていた。さらに、穂積の隠居論では、優老の社会として、社会を先導することができる高齢者であるために、恒常的に知識を深める姿勢を高齢者自身に課すことを推奨した。

　優老概念は、穂積が想定する理想的高齢者像である。大正期において、穂積は、優老の社会として高齢者の生活保障の充実を目的とした、高齢者の老人権の獲得が目指された時代であったといえる。大正期の高齢者像では、穂積の隠居論にみられるように、近代化にともなって、高齢者が自立した生活を送ることを目指していたといえる。

第3節　昭和初期の高齢者像 ―浴風園における橘覚勝の教育観―

(1)　高齢者教育論者としての橘覚勝

　近代以降の高齢者教育史の系譜をたどる上で、大正期に始まった浴風会とそこにかかわった橘覚勝（1900年-1978年）の捉えていた高齢者像について検討する必要がある。戦前の養老院は、戦後の老人ホームのイメージとは異な

り、高齢者がそれぞれ自立した生活を行っていた点に特徴がある。戦前の養老院の中心的施設であった浴風会の存在を抜きにして戦前の高齢者教育論を語ることはできない。

橘の高齢者論についての先行研究のほとんどが、橘の半生についての紹介である（芦沢威夫[66]・1975年／儀賀精二[67]・1979年／大村英昭[68]・1992年／伊東眞理子[69]・1997年／堀薫夫[70]・2006年）。これらの先行研究では、橘が高齢者論と実践活動について先駆的研究者であると指摘しているにもかかわらず、未だ表層的な説明のみであり、深く検討がなされていない。また、橘が浴風会で実践活動を行っていた当時の社会状況に沿って、昭和初期の高齢者像を明らかにした先行研究はない[71]。

そこで、戦前の高齢者対策として歴史的役割を果たした浴風会での橘の高齢者像の研究と講習会活動を検証することで、2つの視点を示す。1つめとして、穂積の高齢者論を契機として、橘が高齢者を対象とした研究領域を作った歴史的過程を明らかにする。2つめとして、昭和初期の高齢者像を明らかにすることで、昭和初期の高齢者の社会政策を明らかにする。本節では、以上の2つについて検討を行う。

分析のために用いる資料は、『浴風会調査研究紀要』一號～十四號、『浴風会事業報告』（1930年-1944年）、『浴風会事業概要』（1931年-1938年）、『養老事業』（1934年-1944年）、『入園者概況』第一輯～題四輯、『創立拾周年記念写真帖』、『養老事業実務者講習会資料』（発行年不詳）である。なお、戦中期において橘は、浴風園が高齢者だけでなく傷痍軍人に対する療養所として利用されることから、軍事心理学者としての側面を持っていた。そして、橘は「傷痍軍人の保護と指導」（1938年）、「敵愾心」（1943年）を発表している。この研究についても、橘を知る上での参考として検討する。

(2) 「現代人となる」学習の概念

橘覚勝は心理学者であり、老年学の先駆的研究者である。日本社会の老齢

化をいち早く予測し、老人福祉・医療制度改革、高齢者の社会環境や生きがい観に対して、優れた提言を行った人物である。彼は、日本老年学会を組織化し、高齢者研究者の育成と老年学の体系化に努めた。主著には『老年期』、『老年学』、『老いの研究』等が挙げられる。また、児童心理研究者としての一面も持っており、『子供と生活環境』[72]を書いている。他には、「手」から連想される教育性についてまとめた『手』[73]がある。

彼は大阪市出身で、1900年、浄国寺に生まれる。東京帝国大学文学部を卒業しており、1923年には東京帝国大学心理学科の副手に採用された。東京帝国大学では、心理学の先駆者である松本亦太郎に師事した。指導教授であった松本は橘に老人問題の研究を指示したが、最初は松本の指導に抵抗感を持っていた。それは、「研究としては確かに新分野には違いはないが、老人の研究など一体何になるのか、将来の発達を約束する、児童、青少年の研究ならいざ知らず、死の寸前の人生段階を研究しても何の役にも立たぬではないか[74]」と述べていることからも理解できる。しかし、「松本教授は『是非誰かがやらねばならぬ問題だ』と強く慫慂（しょうよう）した[75]」。この時期に、大正天皇の銀婚の盛典に際し全国規模での90歳以上の高齢者が表彰される行事もあった。そこで、表彰に関する調査資料の作成要請が研究開発の機会を与えることになり、橘を高齢者問題研究に誘っていくことになったのである。その後、彼は東京府高等学校教諭となった。

橘が老年学に深く関わる転機となったのは、養老院を建設施策の一つとして東京府上高井戸に作られた浴風会において、高齢者問題の研究と講演を行うようになったことである。1923年から園長であった福原誠三の指示により、橘は研究目的で浴風会研究紀要に参加することとなった。この紀要は戦後まで続き、第78号で終刊を迎えた。その内容は高齢者医学研究が中心であったが、第二次世界大戦までは心理学や社会学等幅広く高齢者について論じられていた。

この紀要において橘は「本邦における養老救済事業の史的概観」[76]、「向老

期における自我の発見」[77]、「わが国における養老思想および事蹟の史的考察」[78]、等の研究を行っている。しかし、戦局が悪化するとともに、浴風園の調査研究紀要は休止に追い込まれる。戦後になって再刊されたが、医学研究に特化した。戦後橘は、1948年に大阪大学文学部心理学講座の助教授に就任し、1952年には同大学の教授に昇進している。1963年には退官し、大阪大学名誉教授となった後、相愛女子大学教授となった。

日本老年学会設立の契機は、1958年の愛知県名古屋市で行われた第3回日本ゼロントロジー学会総会において学会設立の決議がなされたことに起因する。橘は同学会の規約起草委員として関わった。日本老年学会は、日本老年社会科学会と日本老年医学会に分かれるが、共同で総会も開かれている。日本老年学会は1959年11月7日に設立し、東京において、1959年11月7日～8日に第1回大会が開催され、第1回日本老年社会科学会も同時開催され、第1回の大会会長は渡辺定[79]（旧・共済生命医長）であった。橘も1960年11月14日の第2回大会と、1969年11月21日～22日の第11回大会で大会会長を務めた。

(3) 戦前浴風会の設立と運営状況

近代以降の養老事業としては、1872年、養育院（東京都養育院の前身）が設立された。1874年に明治政府は、太政官達をもって無告の窮民に対する救済策として「恤救規則」を出す。その後、1929年に「救護法」が制定された。

日清戦争によって国威が発揚される一方で、国内の貧富の差は激しくなり、高齢者の中にも救済を要する者が増え、独立の養老施設を設けることを求める声が起きてきた。その結果、1895年聖ヒルダ養老院が初めて東京に設けられ、つづいて神戸養老院、名古屋養老院、大阪養老院、前橋養老院、東京養老院などが民間有志によって設立された。この時期は、日本の養老事業の勃興期であったが、その後養老施設の発達は遅々たるもので、明治末期に22ヶ所、大正期に48ヶ所に過ぎなかった。

そのような状況で、1923年9月1日の関東大震災において、数十万の家屋

が倒壊または焼失し、死傷者は十余万に達したが、その中には、家族を失い、家を失った多くの高齢者がいた。これらの高齢者の救済のため、1925年1月15日、御下賜金ならびに一般義捐金を基金として財団法人浴風会が設立された。当面の目的は罹災老人の擁護とされたが、もうひとつには、将来的に予測される多数の要保護老人に対する保護の中心機関として一大養老施設をつくる必要があったからでもあった。

　浴風会の事業所である浴風会の敷地は、東京府豊多摩郡高井戸町（現在の杉並区上高井戸3丁目848番地）に、約27,500坪で、1925年11月着工、1927年2月にほぼ建物が落成し、収容を開始した。建物は本館、収容寮ならびに付属建物54棟、計2821坪で、寮舎は平屋建てとし、周囲に庭を設けた。これは非常時の避難を考慮したためであり、独立の寮舎は家庭的雰囲気を保つためという意味があった。

　収容定員は500人とし、約100名を収容する病室を設けた。これは従来の養老施設の医療が極めて不完全であったのに対し注目すべきことであった。また、精神上の慰安を図るために、約300人は収容できる礼拝堂を建て、阿弥陀仏を安置したが、仏教のみに限らず、キリスト教などの催しにも使用し、また映画会その他のレクリエーションにも利用できるものとした。1935年4月には、浴風会は創立10周年を迎え、高松宮と同妃が訪問し記念式典を挙行し、10周年の記念誌の作成も行われた。

　戦時中は養老事業も経営困難をきたした。収容者のうち雑役など多少でも労役に堪え得る者は民間に雇われ、収容者のほとんどが虚弱者、病人のみとなり、栄養状態は極端に低下し、死亡者も相次いだ[80]。1942年7月には、八丈島などの島嶼引揚民が園内に収容され、収容老人の一部は、埼玉、栃木の養老院に疎開させられた。終戦直前になると、病棟、寮舎、事務室に至るまで、園内施設の大半は、軍の施設として利用されるようになった。

　浴風園での高齢者の生活の様子について述べると、「病弱者の外は一般に寮内外の掃除、整頓、その他の家事、弱き者の世話を始め、身体の丈夫なる

ものには炊事場、病室に於ける手伝い」さらに、「園内の除草、庭園農園手入れの手伝い」など、できるだけ自立した生活を高齢者に送ることができるようにしていた[81]。また、「歩行の不自由なる者や寮の世話掛かりとして働く者などには、寮内にて袋貼、熨斗折、筒編、裁縫等の作業」を行っていた。なお、作業、労働をする者に対しては、若干の慰労金を与えていた。これは、自給自足の生活や、労働による経済的価値を得ることを目的としたものではなく、労働作業の機会をあたえることにより、身体的精神的効果を期待して行われたものであった[82]。

礼拝堂には阿弥陀仏を安置して、在園者が宗教的慰安を得ることも大切にされた。また、「日常各寮館には新聞雑誌、講談本其他の書籍を備えて自由に回覧させ、囲碁、将棋盤、蓄音機を置いて使用させて[83]」おり、浴風園での生活では娯楽も重視されていたことが理解できる。

さらに、戦前の浴風園において、入居高齢者と密接な関係にあったのが寮母である。それぞれの寮舎には、寮母が一名配属されていた。寮母は在園者と起居を共にして、在園者の直接看護、指導や寮内管理にも注意を払っていた[84]。このような状況を「一人の住込寮母を中心に、食事だけは炊事場から運ばれてくるが、一日の生活は掃除から庭の手入れ風呂焚きにいたるまで寮母と老人の共同作業[85]」であったと元浴風園園長の芦沢威夫は振り返っている。また、寮母の仕事は「老人の話相手、来訪者の応待、作業の世話、寮日誌、保護経過簿の記入、そのほか病人があれば付添って医局へ行き診断を受ける。入院ときまれば入院させるがそれほどでない場合は寮で静養させる[86]」ことであった。

(4) 養老院実務者講習会資料と戦前・戦中期の橘の研究活動

橘は浴風会研究以外に養老院実務者講習会の講師を務めていた。以下、養老院実務者講習会（以下、講習会）で行っていた講座項目について明らかにする。橘は、第1回から第4回まで講師として参加していたが、第5回以降、

参加をしていない。第6回以降について資料が作成されておらず、第6回以降の講習会の動向は明らかとなっていない。

なお、第4回と第5回の間に隔たりがあるのは、戦局の悪化と、軍の司令部が浴風園に置かれ、事実上開催が不可能となったためである（表3参照）。

実際の橘の講義内容などについては明らかではないが、その表題から判断すると、浴風園調査研究紀要で論じられたものと一致するため、それを基にして講義をしていたと考えられる。その後の老人心理については、寺澤厳夫が行うこととなった。

戦後の養老事業実務者講習会の内容は変化しており、「婦人ト社会事業」のように女性を焦点とした講義が加えられ、宗教と皇道についての講義が無

表3：養老事業実務者講習会[87]

第1回養老事業実務者講習会講師	1939年10月2日～8日	
養老事業管理法	浴風会常務理事	福原誠三郎
収容老人ノ処遇ニ就テ	浴風会保護課長	芦沢威夫
社会事業従事員ノ心得ヘキ基礎観念	医学博士	竹内芳衛
社会事業法ト救護法	厚生省保護課長	堀田健男
輓近社会事業ノ趨勢	浴風会嘱託	相田良雄
老人ノ生理及衛生	医学博士	尼子富士郎
養老事業と宗教	大正大学教授	長谷川良信
老人心理	文学士	橘覚勝

第2回養老事業実務者講習会講師	1940年9月16日～22日	
養老事業管理法	浴風会常務理事	福原誠三郎
収容老人ノ処遇ニ就テ	浴風会保護課長	芦沢威夫
養老事業ト宗教	不明	安井
老人ノ生理及衛生	医学博士	尼子富士郎
敬老主義の科学	医学博士	竹内芳衛
養老事業ノ現勢・大勢	浴風会嘱託	相田良雄
社会法令大意	不明	高橋敏雄
老人観ノ変遷	東京府立高等学校教授	橘覚勝

第3回養老事業実務者講習会講師	1941年10月27日～11月2日	
養老事業概観	浴風会常務理事	福原誠三郎
養老事業ニ就テノ感想	医学博士	竹内芳衛
養老事業ト宗教	元豊山中学校長	川井精春
収容者の取扱ニ就テ	浴風会保護課長	芦沢威夫
我邦社会事業ノ趨勢	浴風会嘱託	相田良雄
老人ノ生理及衛生	医学博士	尼子富士郎
世界大戦ノ性格	浦和高等学校教授	吉岡力
社会法令一班　救護法、社会事業法、医療保護法	厚生省保護課長	高橋敏雄
老人心理	東京府立高等学校教授	橘覚勝
第4回養老事業実務者講習会講師	1942年10月26日～31日	
養老事業概説	財団法人浴風会常務理事　本会理事長	福原誠三郎
我邦社会事業ノ趨勢ト社会事業管理ニ就テ	本会嘱託　本会理事	相田良雄
養老事業ノ実際ト事業家ノ覚悟	同会横浜分園医長　医学博士	竹内芳衛
老人ノ自己中心性	東京府高等学校教授	橘覚勝
収容老者の処遇ニ就テ	財団法人浴風会保護課長　本会理事	芦沢威夫
老人ノ生理及衛生	医学博士	尼子富士郎
社会法令ノ大要	厚生事務官	増子正宏
皇道精神ニ就テ	神宮皇學館大学教授	原田敏明
養老事業ト宗教	容共養老院長	木村玄俊
養老事業ト方面委員	全国方面委員連盟理事長　本会理事	原泰一
第5回養老事業実務者講習会講師	1946年10月29日～30日	
老人ノ心理	文学博士	寺澤厳夫
生活保護法ニ就テ	厚生省事務官	内藤誠夫
社会事業ノ新動向	不明	牧賢一
養老事業ノ理念	不明	賀川豊彦
老人ノ生理衛生	医学博士	尼子富士郎
婦人ト社会事業	不明	山高しげり
養老事業ノ諸問題		浴風会当局

くなることとなった。

　なお、この第4回と第5回の間に、橘は社会事業研究者として論文を発表している時期がある。その理由としては、戦争が激化することにより、浴風園が養老院としての機能だけではなく、戦争の戦略会議を行う場として利用され、さらに、傷痍軍人の療養の場として利用されるようになったためである。この時期に発表された研究としては、1938年「傷痍軍人の保護と指導[88]」と1943年「敵愾心[89]」が挙げられる。

　「傷痍軍人の保護と指導」では、橘は戦争心理学者として紹介され、「学究的中にも常に国策に深く関心を持ち、その愛国至誠から迸りでた墨蹟は必ずや読者のご参考に資するところが多いであろう[90]」と述べている。

　「傷痍軍人の保護と指導」の内容は、ドイツの戦争心理学との比較と日本の傷痍軍人の保護と指導方針を示した保護対策要綱の分析である[91]。これは、社会事業として負傷者をどのように扱うのかという現実的な要請から来る問題に迫った研究である。当時の浴風会では、戦局の悪化につれ傷痍軍人の治療にもあたるようになっていた。しかし、なぜ橘が「戦争心理学者」としてこの論文を発表したのかについて明らかとなっていない。

　さらに、5年後に発表した「敵愾心」では、敵国に対する戦意をいかに昂揚させるかについて論じている。

　「敵愾心」の内容は、日本人的性格について検討しつつ、怒りの衝動がなぜ起こるのかについて分析をしたものである。橘は「敵愾心も道義的生命力そのものの発現であるとみるとき、敵愾心の実践的価値は直ちに見出されると思ふ。国乱にたいする忠臣の慷慨も道義的生命力の発現であれば、困難に対する烈士の敵愾奮起であり、また一億国民の敵愾心でなければならぬ[92]」と述べているが、それまでの高齢者研究とは研究分野が全く異なったものであった。

　この2つの論文について戦後の橘の老年学研究の著作年表においても掲載されていないため、書くこととなった経緯については明らかでない。

(5) 戦前期・戦中期の橘覚勝の敬老思想論

　戦前期・戦中期の高齢者教育を語る上で留意しなければならないのは敬老思想についてである。高齢者に対するどのような処遇が望まれていたのか、養老事業に従事していた者がどのような心境であったのかについて書かれた橘の浴風園での文章が残っている。

> 　私共は世に身寄りの無い老人をお預かりして、当然老いの看取りをすべき人々に代つて、孝行をさしていただいているのです。ですから、遠く戦線にあつて、大東亜建設戦に尽忠報国の誠を致して居られる皇軍将士の方々も、私共のように、斯く敬老主義を掲げて、満天下の老人達のために、半生を捧げつゝ、ある者のあることを知つて頂けば家郷の老いたる父母の上に思いを馳せられる時、大いに安神して軍務に精励して頂き得ると思ひます。私共はこの事業を承つて居る間は、必ず老いたる人々に淋しい目をさせたり、ひもじい目をさせる気づかいはないと確信しています。
> 　静かな老者の憩いの園にあつて、老者と共に朝夕の暮しをして居りますが、心は線前将士と同じく、大東亜建設戦に参加させて頂いて居るのであります。あくまで老者の味方として、戦線の或は国内・国外を問わず、第一戦に活躍しつゝある方の、足手纏いの老者をお引き受けして、その晩年の健全な冬の幸福を只管希ひ、全員が協力して事業に精進させて頂いて居ります。
> 　これが私共に与えられた天職である以上、私共は天職を通じて国家へ御奉公を致し、皇恩の万分に応へ奉らんと、念願しているのであります[93]。

　当時の社会状況において橘の敬老思想の考え方は２つであった。１つめに、「挙国一致」のもと高齢者が若者の邪魔にならないように努めること、２つめに、戦争に赴く兵士が安心できるように高齢者を養護することであった。したがって、橘の考える高齢者像は、家族制度における権力を持った高齢者像ではなく、戦力とならず扶養しなければならない者に限定されていた。昭和初期の高齢者像とは、高齢になっても家長として権限を持つ存在を除いた戦力とならない者のみが高齢者として扱われたといえる。昭和初期の高齢者

は、扶養されるもの＝「弱者」として捉えられていたといえる。

　橘の敬老思想に関する考えは、1931年に発表した『老年期』に見出すことができ、内容のほとんどは、戦後に書かれた『老年学』に収められている。しかし、ただ一つ大きく修正されているものがある。それは第六章「敬老思想と日本精神」である。その中に、橘の皇国思想が語られている。しかし、戦後は、その内容が一切削除され、全く言及されていない。橘の主要な論点は敬老思想である。

　橘は日本の敬老思想が独自の変遷を辿ってきたとし、敬神崇祖の精神が根幹であり、思想は儒教を主とし、実践においては仏教が主となると考えた。これは「神儒仏三位円融の観想[94]」によるところであると述べている。具体的には、「日本精神が国家的には敬神崇祖の思想として、家族的には敬老尚歯の観念として現はれるとき忠孝両全の理念となり、日本の国家が一大家族として融合を示すとき、敬神崇祖は同時に敬老尚歯として忠孝一本の理想を現はすこととなる」と述べているが、これは「新体制思想の一翼」となることを念頭に置いたものだった[95]。時代的背景を充分に吟味しなければならないが、「神儒仏三位円融の観想」の位置付けを明確にし、日本独特の敬老思想観について言及したことは今日の敬老思想観を再考する上で重要である。

　敬老思想は日本における高齢者の人権教育を考える上で、重要な問題であることは、周知の事実である[96]。昭和初期の橘は、国家や社会にとって支障にならないように、高齢者が行政によって扶養されることを目指していたといえる。

　以上から、橘が昭和初期の浴風会にどのように関わり、どのような高齢者像を持っていたのかを探った。橘は、それまでなされて来なかった高齢者研究を深めるために、穂積の『隠居論』について検討し、独自の敬老思想についての考えを示した。当時の社会的状況において、橘は、戦争に積極的に参加できない者のみを「老人」として見なし、戦争の支障にならないように、積極的に養護することを目指していた。

当時は、家族が高齢者を扶養する余裕がない状況であったため、その代替として浴風会のような全国の養老院が、戦力とならない高齢者の扶養を行っていた。養老院は、家族で扶養できずに引け目を感じながら積極的に戦争に協力していた若い世代が、〈高齢者を大切にしなければならないという気持ち〉を安堵させる目的を担っていたといえるだろう。

注

1) 小林文成『高齢者読本』日常出版、1975年、p.67。
2) 同前、p.13。
3) 同前、p.67。
4) 同前。
5) 同前、p.13。
6) 穂積陳重『神権説と民約説』岩波書店、1928年、p.112。
7) 白羽祐三『民法起草者　穂積陳重論』中央大学出版部、1995年、p.67。
8) 同前、p.93。
9) 穂積八束「民法出デテ忠孝亡ブ」(穂積重威編『穂積八束博士論文集』有斐閣、1933年、pp.223-227)。
10) 穂積八束「國民道徳ノ要旨」(文部省編『國德民道徳ニ関スル講演』1911年、p.25)。
11) 牟田和恵『戦略としての家族』新曜社、1996年、p.23。
12) 穂積陳重『祖先祭祀ト日本法律』有斐閣、1917年、p.42。
13) 穂積陳重『隠居論』哲学書院、1891年、p.65。なお、今後初版『隠居論』についてのみ出版社・哲学書院と明記して区別する。
14) 同前。
15) 天野正子『老いの近代』岩波書店、1999年、p.54。
16) 同前、p.7。
17) 竹田旦『民族慣行としての隠居の研究』未來社、1964年、p.4。
18) 同前、p.5。
19) 同前。
20) 川島武宜『イデオロギーとしての家族制度』前掲、pp.214-215。
21) 穂積陳重『祖先祭祀ト日本法律』前掲、p.301。

22) 同前、p.41。
23) 大日本帝国議会誌刊行会『大日本帝国議会誌』第1巻　第3回貴族院、1926年、p.1616。
24) 穂積陳重『隠居論』哲学書院、前掲、pp.109-110。
25) 橘覚勝「わが国における養老思想および事蹟の史的考察」(『浴風園調査研究紀要』第4輯、財団法人浴風会、1932年12月、p.98)。
26) 穂積重陳『隠居論』哲学書院、1891年、p.65。
27) 細野長良『綜合註釋　大六法全書』法文社、1940年、p.237。
28) 穂積陳重『隠居論』前掲、pp.560-561。
29) 湯沢雍彦『老年学入門』有斐閣、1978年、p.5。
30) 荷見武敬「解題」(穂積陳重『隠居論』日本経済評論社、1958年復刻、p.2)。
31) 川島武宜『イデオロギーとしての家族制度』前掲、p.211。
32) 松尾敬一「穂積陳重」(利谷信義　潮見俊隆編『日本の法学者』日本評論社、1974年、p.65)。
33) 菊池勇夫「穂積陳重と社会権」(『日本學士院紀要』第30巻 第1號、p.35)。
34) 森謙二「穂積陳重と柳田国男」(黒木三郎先生古稀記念論文集刊行委員会『現代法社会学の諸問題』(上)民事法研究会、1992年、p.87)。
35) 竹田旦『民族慣行としての隠居の研究』前掲、p.22。
36) 湯沢雍彦『老年学入門』有斐閣、1978年、p.5。
37) 荷見武敬「解題」(穂積陳重『隠居論』日本経済評論社、1958年復刻、pp.2-3)。
38) 松尾敬一「穂積陳重」前掲、p.65。
39) 竹田旦『民族慣行としての隠居の研究』前掲、p.22。
40) 森謙二「穂積陳重と柳田國夫」(黒木三郎先生古稀記念論文集刊行委員会『現代法社会学の諸問題』(上)民事法研究会、1992年、p.87)。
41) 穂積重陳『隠居論』哲学書院、前掲、pp.256-261。なお、穂積重陳『隠居論』有斐閣書房、1915年、p.502にも同様の内容が掲載されている。
42) 橘覚勝『老いの探求』誠信書房、1975年、p.44。
43) 川島武宜『イデオロギーとしての家族制度』岩波書店、1957年、p.211。
44) 菊池勇夫「穂積陳重と社会権」前掲、pp.31-34。
45) 同前、pp.27-28。
46) 穂積陳重『隠居論』前掲、pp.622-623。
47) 同前、pp.694-695。なお、湯沢雍彦「穂積陳重における『隠居論』の発展」(『社会老年学』No.6、1977年3月、p.97)においても、この穂積の「老人権承認の時

代」について論じられている。
48）同前。
49）同前、p.97。pp.689-690。
50）同前。
51）穂積陳重『隠居論』前掲、p.604。
52）菊池勇夫「穂積陳重と社会権」前掲、p.32。
53）穂積陳重『隠居論』前掲、p.501。
54）同前、pp.528-529。
55）穂積重遠編『穂積陳重遺文集』第3冊、岩波書店、1934年、pp.689-691。
56）同前。
57）穂積陳重『隠居論』前掲、p.2。
58）橘覚勝『老いの探求』前掲、p.44。
59）同前、pp.528-529。
60）穂積陳重『隠居論』前掲、p.501。
61）同前。
62）穂積陳重『隠居論』前掲、p.502。
63）同前、pp.504-505。
64）同前、pp.505-528、参照。
65）同前、pp.701-702。
66）芦沢威夫「昔ばなし」(4)（社会福祉法人浴風会『浴風会』1975年7月1日、p.2)。
67）儀賀精二「橘覚勝著「老年学」」（全国社会福祉協議会『老人福祉』第56号、1979年12月10日、pp.109-111)。
68）大村英昭「老い学のパイオニア・橘覚勝」（『季刊仏教』18号、法藏館、1992年1月)。
69）伊東眞理子「老年心理学者・橘覚勝再考」（『同朋大學論叢』第七十六号、1997年、p.88)。
70）堀薫夫『教育老年学の展開』学文社、2006年、p.26。
71）塚本哲・浦辺史・積惟勝・吉田久一・一番ヶ瀬康子「昭和社会事業史の証言(5)」（上）（『社会福祉研究』第16号、鉄道弘済会、1975年4月1日、pp.30-39)。塚本哲・浦辺史・積惟勝・吉田久一・一番ヶ瀬康子「昭和社会事業史の証言(5)」（下）（『社会福祉研究』第17号、鉄道弘済会、1975年10月1日、pp.27-37)。を参照。
72）橘覚勝『子供と生活環境』羽田書店、1943年。

73)　橘覚勝『手』創元社、1943年。
74)　橘覚勝『老年学』誠信書房、1971年、まえがき。
75)　伊東眞理子「老年心理学者・橘覚勝再考」（『同朋大學論叢』第76号、1997年 p.88）。
76)　橘覚勝「本邦における養老救済事業の史的概観」（『浴風園調査研究紀要』第3輯、財団法人浴風会、1931年8月）。
77)　橘覚勝「向老期における自我の発見」（『浴風園調査研究紀要』第4輯、財団法人浴風会、1932年12月）。
78)　橘覚勝「わが国における養老思想および事蹟の史的考察」（同前）。
79)　渡辺定（1892年-1976年）。共済生命（のちの安田生命）医長、日本医師会専務理事、成城大教授などをつとめた人物である。また厚生省で人口動態統計の作成を担当した。1955年には、年寿命学研究会を設立し、1958には、年日本老年社会科学会会長に就任する。代表的な著作は、『寿命予測と生命保険』（有光社、1943年）である。
80)　その当時の食事のカロリーは1319kcal程度であった。戦前は3000kcalとっており、戦後は2500kcal程度である。川崎貞氏調べ、2004年7月29日、於浴風園。しかし、『浴風会十周年記念誌』（財団法人浴風会、1935年12月26日）において、戦中は2000kcalとなっている。
81)　財団法人浴風会編『浴風会事業報告』昭和4年度（小笠原祐次監修『老人問題研究基本文献集』第十六巻、大空社、1991年、pp.41-42）。
82)　同前、p.55。
83)　同前、p.44。
84)　同前、p.39。
85)　芦沢威夫「昔ばなし」(4)前掲、p.2。
86)　同上。
87)　浴風会資料室所蔵、写本、藁半紙。
88)　橘覚勝「傷痍軍人の保護と指導」（『教育パンフレット』第324輯、社会教育協会、1938年11月20日）。
89)　橘覚勝「敵愾心」（『科学主義工業』七巻三号、社会主義工業社、1943年3月1日）。
90)　橘覚勝「傷痍軍人の保護と指導」前掲、p.44。
91)　1937年11月に内務省社会局に臨時軍事援護部が特設されることとなり、その中に傷兵保護課が設置された。1938年1月には厚生省が新設され、傷痍軍人保護

審議会が新設された。また、同月27日には、審議会答申が公布され、4月18日に厚生省の外郭局として傷兵保護院が設立された。そこで作られたのが保護対策要綱である。

一、優遇に関する事項
傷痍軍人優遇の途を講ずるに方りては、その名誉を重んずると共に、苟くも将来弊害を醸すが如きことなきよう留意すること
(一) 名誉の表彰
イ 軍人傷痍記章を改正して名誉と矜持とを表徴するに足るものたらしめ、これが授与を厳粛に行ふうこと、尚これに関連して傷痍軍人証を携帯せしめ本人の身分を明かならしむると共に、傷痍文人台帳を設けて記章所持者を地方庁に登録し優遇保護を徹底に資すること
ロ 傷痍軍人の門戸に全国一様の標示をなすこと
ハ 死亡の際には国として弔意を表する途を講ずること
(二) 各種特典の付与
イ 国及び公共団体経営の各種文化慰安施設を無料にて利用せしむること
ロ 国及び公共団体に於て、随時又は定時実施する公式の祝典会同等には、傷痍軍人参列方を配慮すること
ハ 国有鉄道、その他の鉄道、軌道、船舶等の利用につき適当なる優遇を与ふること
(三) 生活の保全
イ 恩給制度を改正し傷痍軍人及び家族の生活保全に努むること
ロ 身上相談所を設け、傷痍軍人の生活問題、家庭環境、職業問題、配偶者問題等各般に互りこれが援助指導にあたること
ハ 傷痍軍人の子弟育英は、心身不自由なる傷痍軍人の重大関心なるを以て、育英助成上適当なる方途を講ずること
ニ 家族にして恩給法、軍事扶助法の適用を受けざる内縁の妻にも扶助を徹底せしむること

二、教養強化に関する事項
傷痍軍人の教養を高むると共に、一般国民をして永く傷痍軍人に感謝せしむること
(一) 傷痍軍人の教養

イ　一般的に素養の向上を図り、傷痍軍人たるの矜持を保持し国家の恩遇に狃れず、模範的国民たるの信念を涵養せしむること
ロ　職業に精進することにより心性を向上せしむるため、職業教育に重きを置くこと
(二) 一般国民の教化
イ　事変中より国民感謝運動を起氏爾後毎年定期に感謝を強調して永くこれが持続を図ること
ロ　定教科書に「傷痍軍人」の事項を挿入し、小国民の時より趣旨の徹底を図ること
ハ　一般国民が日常生活の間に於て、傷痍軍人に対し常に感情を以て、良好なる接遇をなすやう、適切なる指導に努むること、尚一斑接客業者に対しては特に強調してその趣旨を徹底せしむること

三、保護施設に関する事項
各般の保護施設実施に方りては、傷痍軍人の家庭生活を顧慮し、成るべくその現住所に於て保護することとし、施設の種類に依り現住所を離れて収容すべき場合にありても、家族関係に万全の注意を払うこと
(一) 医療
イ　物療科等を伴う保養所（温泉療養所）を経営し、傷痍軍人の心身の回復を図ること
右保養所の経営の外、時宜により一般保養施設、温泉旅館の借上げ利用等を図ること
ロ　傷兵院法を改正し、特殊なる重傷者及び頽齢者介護をなす能はざる者の医療介護に当たると共に、家庭にて医療介護をなし得る重傷者については、医療介護手当を支給しその回復医療に努むること
ハ　結核、胸膜炎の患者についてはその療養所を経営すること
ニ　精神障害者の治療収容については、一般精神病患者とは取扱を異にする必要あり、精神障害者収容の療養所を特設するか、又は一般病院中に委託して特別なる取扱をなし得るやう考慮すること
ホ　傷痍軍人が随時随所に於て医療を受け得るやう方途を講ずること
(二) 職業教育
イ　職業再教育施設を枢要の地に設け、高度の再教育を施すものとすること、この場合に於本施設を中心とし、時宜により、学校、工場、商店等への委

託教育をも併せ考ふること
ロ　職業再訓練施設は大体各府県に分布し、主として軽度の教育を行ひ素養の向上に努むること、この場合は施設を特設するよりもむしろ既存の学校、試験場、工場、商店等への委託訓練を主とすること
ハ　傷痍軍人の職業教育及び就職については、専門的なる知識経験を有する職業顧問指導職員を設置し、再教育及び就職の指導をなし爾後をなし爾後の保護に当らしむこと
ニ　傷痍疾患と適業との関係を明らかにし、職業教育及び職業選択に遺憾なきを期すること
ホ　作業義肢及び補助具を支給するため再教育施設に製作所を附設し、更に各府県にはこれが配給系統を樹立し併せて義肢及び補助具一般の修繕に当ること

(三) 職業保護

入営又は応召前職業を有せし者は、原職へ復帰せしむるの方針を採り、復帰し得ざる者及び従前職業のなかりし者は、新職業への就職を図ること、尚職業保護については家族を一体として考慮すること
イ　国及び公共団体が率先使用するは素より、民間産業界も亦従前よりの使用人よりは勿論、然らざる者についても使用の途を拓き、爾後の職業保障に遺憾なきやう制度を樹立すること、殊に傷痍軍人の傷痍疾患に適応せる作業方法及び作業設備の改善を実現すること
ロ　我が国には自営業者多きに鑑み、これが適当なる指導斡旋を図ると共に、許可認可営業につき優先的取扱ひの範囲を拡張し、また資本を要する者に対しては生業資金の融通をなすこと、更に販路顧客等の維持獲得については一般の支援を求むること
ハ　授産場、共同作業場等の経営については、特に独占的なる製品又は特定の販路ある製品を生産する場合に非ざれば、所期の目的を達し難きにつき充分考慮の上措置すること
ニ　職業紹介機関には傷痍軍人の職業紹介に必要なる専門部分を設くること
ホ　職業に関し必要なるときは、能力検定証を発給するを得る制度を設くること

(四) その他

イ　傷痍軍人の相互修養及び福利増進のため先に大日本傷痍軍人会の設立を見たる処、この際一層その活動を促進すること

ロ　傷痍軍人の保護に関しては、国の方策に即応して各種後援団体の活動を促進すること
　　ハ　一部不良の行為ある者のため一般傷痍軍人が迷惑せざるやう、その取締につき適切なる措置を執ること

92)　橘覚勝「敵愾心」前掲、p.77。
93)　橘覚勝「傷痍軍人の保護と指導」前掲、pp.23-24。
94)　橘覚勝『老年期』弘文堂書房、1931年、p.128。
95)　同前。
96)　副田あけみ「高齢者の思想」（小笠原祐次・橋本泰子・浅野仁『高齢者福祉』1997年、有斐閣、p.61）。

第2章　1950年代の高齢者教育
―小林文成の高齢者教育論―

　本章では、1950年代から70年代に活躍し、高齢者教育の実践面での先駆的役割を果たした小林文成の高齢者教育論について検証する。
　1950年代は、経済状況が悪く、生活が困窮している者が多かった。したがって、高齢者に対する政策は後回しにされ、経済復興が先行された時代である。1963年に老人福祉法が制定されるが、それまでは、高齢者に対する政策が積極的にはなされてこなかった。また、この時代では、世代間の断絶が起こっていた。その理由は、高齢者を中心として、家族制度復活の議論が高まっていたが、戦後において民主化を進めようと学習活動を行っていた青年や女性たちから厳しい批判がなされたからである。そのために、高齢者と若者の間に深い溝ができてしまった。この社会状況において、高齢者自身の「自己改造」を目的として小林文成が主催した学習サークルが楽生学園であった。
　小林の高齢者教育論における主たる主張は、穂積の起草した家族制度のなかの敬老思想を脱却することにあり、家族へ依存をしない新しい高齢者像を広く社会に示すことにあった。そのために小林は、生存権保障の学習を主たる目的とした学習組織を作った。この高齢者教育の実践例が長野県伊那市に作られた楽生学園である。
　本学園の沿革については、すでに多くの小林研究のなかで言及され、その教育目的についても紹介されているが、しかし、小林の学園設立の意図に直接かかわる、そもそもなぜ彼が敬老思想からの脱却にそれほどまでにこだわらなければならなかったのかという問題が、先行研究においては長く看過されてきた。それに対して本研究では、小林の楽生学園設立の背景に、1950年代の家族制度復活の動きを遠因とした、戦前的敬老思想に対する激しい彼の

反発心があったという予測の下に、以下、同学園の教育目的の再検討を行うこととする。

その際、本章では小林の高齢者教育論の中心テーマである「現代人となる学習」論に着目し、検証を進めることとする。

第1節　高齢者教育概念の成立 —楽生学園の理念—

(1) 楽生学園創設に至る社会的要因

まずは、楽生学園の創設に至るまでの小林の半生を、小林自身の著述から要約する（小林文成・1961年／資料2「小林文成、楽生学園関連年表」参照）。

小林は、1900年愛知県楽田村（現在の犬山市）に生まれ、曹洞宗の寺である長野県伊那市東春近の光久寺で修行を行う。1920年代は駒澤大学において、当時学長であった忽滑谷快天の家に住み込み大学を卒業する。卒業後は、長野県の光久寺に戻り、1928年に住職となる。住職となってからは方面委員[1]（現在の民生委員）として、檀家を中心に地域の相談を請け負っていた。敗戦時には45歳であった。GHQ統制のもと、民主主義の教育を推し進めるため、各地で公民館が設置されてゆく。1948年には東春近公民館が設置され、小林が公民館長となる。1950年には公民館において婦人学級を発足し、1951年には青年学級を始めた。

以上のような半生を歩んだ小林が、高齢者教育の実践活動を行うようになった理由としては、大きく分けて3つの要因がある。①公民館長としての責務、②社会教育活動が盛んであった長野県伊那市の地域性、③住職としての高齢者との関係の親密性、である。

第1の要因は、小林は当時の青年教育や婦人教育の学習を組織し、民主化を推し進める教育を目的として、公民館活動を行っていたからである。1950年から小林は長野県の公民館の主事講習会で社会教育活動を展開し、戦後の

民主化政策の内容を中心とした青年教育、婦人教育の学習組織の運営方法について知識を深めていった。

　第2の要因は、楽生学園は長野県伊那市が、戦後の社会教育実践として中心的な地域であり、1960年代には信濃生産大学[2]や民青大学[3]（日本民主青年同盟が組織した勤労青年の学習組織）へと発展する地域であったからである。勤労青年を組織したのが当時東京大学の教員であった宮原誠一と宮原の研究室の学生達であった。なお、小林の創設した楽生学園についても、宮原と彼の東京大学社会教育研究室に所属していた千野陽一（現東京農工大学名誉教授）が中心に関わっていた[4]。

　第3の要因は、小林は曹洞宗である光久寺の住職であり、戦前から方面委員として地域住民の相談を受け、葬祭行事や説法など高齢者と親密に関わる機会が多かったため、高齢者へ視点を向けやすかったからである。

　この3つの要因から小林は高齢者の学習を組織した。特に、1950年代は世代間に断絶があり、青年や女性は家族制度の復活に対する激しい抵抗を抱いていた時期である。小林は、家族制度の問題を解決するのに、青年や女性だけが学習を行ったとしても解消できないと考えていた。そこで、小林は、戦前を生きていた高齢者が「自己改造」を行う学習組織を作ることを考えるようになっていた。

　高齢者自身の「自己改造」を意識する契機は、1950年代の日本青年団協議会（以下、日青協）の研究会へ参加したことによるところが大きい。1951年の日青協第1回大会で「青年学級法制化」の提案が出された同時期に、小林は東春近青年学級を発足させている。小林が民主主義の学習の必要性についての言及を以下に2点示す。

　　われわれは上からの教化を受けることしか、訓練されていない、そういうわれわれが民主教育を進めようなど、できるはずがないではないか。まず館長・主事をはじめ公民館関係者が、自ら学習して、自己改造をする以外に道はないではないか[5]

学校で行っている教育と矛盾してはならない（中略）われわれが学校で教え込まれた、いわゆる教化活動的教育であってはならない[6]

　小林は、この「自己改造」の学習を社会教育であると捉え、婦人学級と青年学級を公民館で開始している。

　その当時の公民館主事講座など長野県の社会教育実践に深くかかわっていた宮原誠一の影響は大きく、さらに、伊那の青年団組織活動は小林の高齢者教育活動を進める原動力となっていた。この時期に社会的問題とされていたのは、家族制度復活の論議であった。戦後の民主化をめぐる議論のなかで、高齢者に戦争責任について見解を求める世論が起こっている。この戦争責任の問題と家族制度復活の2つの問題で、若者と女性が、高齢者の「自己改造」を求める雰囲気が全国に広まっていた。一方で、同時期に高齢者からも公民館長である小林に学習の場を整備する要望が出されたている[7]。この2つの条件から小林は、楽生学園の創設計画を立てる。

　高齢者が学習の場を整備する要望が出されたのは1952年である。この時の状況について、小林の著書から示す。

> ねぇ！　おっさま。わしらだって昔のままでいいとは思っちゃいない。時代とともに変わっていいんだ。変わらにゃいけんら。しかし年寄りは今のこと知らん。たしかに知りませんよ。それだから、よく知っている昔の話をするんね。そうすると、ふるいふるいというら。しゃくにさわるたってない。そこでだね、わしらにだって新しい話をきかしておくんなやれ。そうすりゃ、わしらも重詰でも嫁につくらして、集まってたのしいと思うんだ。いや、おっさまはこういうじゃないかね。若者を教育するで、そいつからおそわれやったね。それはだめだに。だって家にいりゃ年寄りのほうがえらいんだから、若いものからなんかおかしくておかしくて教えてもらえんに。悪いことはいわん、年寄りをかわいがってごらんな。よろこんで集まってきて、勉強だってするわね。おたのもうします[8]

　高齢者が青年や女性の公民館での学習活動を見て、高齢者自身も学習することを望んでいることを、小林はこの時の高齢者の発言から知ることとなっ

第2章　1950年代の高齢者教育　61

た[9]）。そこで、1951年に、小林は朝日新聞論説員の笠信太郎に、高齢者の学習活動の参考となる事例の調査を依頼する。しかし、先行事例を見つけることができなかったために、公民館の講習会で知り合った宮原に協力を求めることとなった[10]。そして、1954年5月10日に長野県伊那市東春近にある曹洞宗の光久寺を会場として楽生学園は開始された[11]。なお、楽生学園とは、『漢書』の刑法志にある「民亦新免兵革之禍、人有楽生之慮」から、戦争をやめて生活を楽しみ、話し合い学び合うという意味を込めて名付けている。

(2)　1950年代の家族制度をめぐる議論

　小林が高齢者への「自己改造」を目的とした学習を行う背景には、1950年代の家族制度をめぐる議論があった。小林が楽生学園を創設した理由は、小林は戦争から解放され平和な生活を送るために必要となる学習ができる場を創設することであった[12]。この時代の高齢者は、むしろ家族制度復活を望んでおり、戦後の民主化運動のなかで、若者や女性とは敵対する存在であった。そこで、1950年代の家族制度をめぐる議論を踏まえることで、小林が高齢者への教育活動を行うことになった背景を明らかにする。

　敗戦とともに日本では4000万人を超える労働者が職を失い、そこへ海外からの引揚げ者604万人が加わり、8000万人がせまい国土にひしめき合い失業問題は苛烈を極めた[13]。状況は戦後10年を経ても劇的には好転せず、当時の完全失業者数は71万人、潜在的失業者に至っては700万人とも言われていた[14]。

　周知のとおり、日本国憲法実施にともなう民法改正により家族制度は成文法上廃止されたが、もとより社会生活の実際面における〈家〉の制度が直ちに駆逐された訳ではなかった。しかも敗戦後の生活困窮者の激増は、行く末を案じる親世代の不安を増大させ、早くも被占領終結の前後には、家族制度復活の気運を各紙が取り沙汰し始めた。1951年9月10日（講和条約調印翌日）の「朝日新聞」は「首相は社会秩序の一つのより所として《家》を重視し、

改正民法が家族制度にメスを加えたのはよい面もあるが行き過ぎもあったと解している」と早々に報じたが、こうした論調に、時の首相である吉田茂は否定の答弁を繰り返した。

しかし1954年3月、自由党内に憲法調査会が発足し、27日には同会会長岸信介が家族制度復活の意向を述べたことが伝えられ、さらに同年10月、「子の親に対する孝養の義務」の一文のある同会「改正試案」が発表されると、婦人界を中心に猛烈な反対の声が上がり始めた。たとえば、立石芳枝は、旧民法では「相続人だけが権威をもち、他の者はドレイ」、特に妻は「法律上は盲人、狂人と同じに無能力者」、「イヌやネコも同然に扱」われてきたと批判した[15]。田邊繁子も、家族制度は「命令と服従の支配関係、階級的関係」、自由意思を奪われた「妻及び子供たち」は「奴隷的人間」であると批判した[16]。〈家〉の制度を人権蹂躙と見なすこうした認識は、特に都市部・若年・婦人層に広く普及したが、家庭と勤労婦人100万人の署名を集めた1954年11月の「家族制度復活反対総決起大会」では、「再び絶対服従のオリに追い込まれない、過去の無能力者に立戻るまい、の決意」が宣言文に盛り込まれた[17]。

その一方で、家族制度復活と再軍備問題とのつながりを指摘する論調もあらわれた。「家族制度は親孝行の制度だ」とする意見に反対した久米愛は、「家族協力の名のもとに社会保障費を減らして再軍備を増強しようと」していると批判し[18]、加藤シヅエも「かつての日本軍隊を夢見る者にとっては、主従関係、命令系統をはっきりさせるということがまず必要」、「家も社会も、上から下へスイーとなびく世の中。こう考えてみれば家族制度復活の声と再軍備問題とのつながりの濃さがわかる[19]」と主張した。

1954年12月には、自由党吉田内閣が総辞職し、日本民主党鳩山一郎内閣が成立する。翌年3月までに総選挙が行われることが決定すると、自由党は一転「家族制度復活反対」を表明し、各党もこぞって「復活反対」を公約に掲げ始めた。こうした風潮に、「読売新聞」は「総選挙がまえの政界はこのと

ころ婦人に受けの悪い家族制度復活の声を、すっかりひっこめてしまった」、「巧妙な宣伝戦」であると批判した[20]。結局、1955年2月の衆議院選挙では、反対派が改正阻止に必要な三分の一議席を確保したが、以後も反対派の言論攻勢は続き、たとえば戸頃重基が、以下のように主張した。

> 再軍備は自衛上止むをえないが、家族制度の復活は御免であるというようなことは全く論理にならないのである。再軍備→天皇制→道徳教育→社会科解体→家族制度復活→人権剥奪→労働強化→徴兵→戦争、これは新ファシストたちの日程にのぼった一連の筋書だ[21]。

西村信雄は、家族制度の思想的根幹に「祖先崇拝の信仰」があるとし、そこでは「祖先の霊」は「不滅」にして「常に『家』と共にあり、『家』の存続と発展を守護」するもの、「家長は現世において祖先の霊を代表する者」と信じられていると、その非科学性を糾弾した[22]。このような社会情勢を背景に置き、小林の高齢者教育論の内実について検討する。

(3) 楽生学園の学習目標

本項では、小林の創設した楽生学園の実践を明らかにするために、学園の学習目標について論じる。学園の概要は前述したように多くの研究者によって紹介されている。学習目標に着目した先行研究を挙げると、高齢者の人権保障を目的とした学園と提起した一番ヶ瀬康子[23]（1986年）、藤岡貞彦[24]（1989年）、三浦嘉久[25]（2000年）、老人大学の先駆的事例で、その後のモデルケースと論じた三浦文夫[26]（1996年）、梨本雄太郎[27]（1999年）、死生学が学習目標に欠如していると論じるセップ・リンハルト[28]（1978年）である。

しかし、学園の学習目標を分析するためには、戦前の敬老思想から高齢者自身が「自己改造」を積極的に行うという小林の教育実践の主張について検討することが不可欠である。

以下に、学園の学習目標を制定するまでの経緯を追い、学習目標にみる小

林の意図について、1950年代の社会的背景を踏まえて再検討を試みる。

小林は、設立当初、学園目標を作成していなかった。理由について小林は、規則に縛られないためであると述べているが、規則の整備よりも、高齢者の実践活動を重視したからである[29]。また、高齢者自身が「自己改造」することを目指しており、小林は高齢者が主体的に学習目標を作成したいと要求することを望んでいたため制定が遅れた。当時の共同学習の理論に基づいて、青年学級を「主体的[30]」に内部から作り変えることが求められていたように、小林は高齢者の学級も「主体的」に作り変えること目指していたと考えられる[31]。小林の学習目標の制定についての主張を以下に示す。

> 規約とか目標をまずととのえれば集まりがいきいきと成長するなどと考えることは、大まちがいだと思う。自分たちで積みあげたものでない規則や一部の指導者の考えた目標に、盲目的にしたがうような人間は、現代では少なくなってきているのではないか。昔はお上の規制は、いやおうなしに服従を強制された。現代でもまだそういう考えが生きているように思われる。こういうものが生きているあいだには、われわれの社会を完全に民主化することはできないだろう[32]

小林は、学習目標設定の自主性が、「民主化」における高齢者学級のあり方として重要であると考えていた。しかし、楽生学園がマスコミに多く取り上げられるにつれ、規則やプログラム作成の要望が高まったために、学習目標を作る必要に迫られることなった。

なお、設立当初から学園を発足する際の基本理念について、小林は構想していた。小林は、戦前において高齢者は軍国主義に協力し、全体主義に盲従していた存在であると規定した。したがって、小林は高齢者が一番にしなければならないことを、軍国主義時代に抵抗できなかったことに対しての反省だと考えていた。その上で、高齢者は今後の人生をどのように生きるかを自ら考えると同時に、若い世代と協力し、不安のない社会を未来に作ることを目指し学園を設立した[33]。

小林は、当時の若者のように自己の権利を主張することや、権力に抵抗す

ることを罪悪と思いこまされている高齢者は多いため、戦後を幸福に生きてゆくのは容易ではないと考えていた。そこで、戦後の状況を理解するためにも「現代人となるための学習[34]」を行うための環境整備をする必要を主張した。

こうして小林は、戦後の民主主義社会化の中で、家父長制における「隠居」の廃止とともに高齢者の解放を唱え、様々な専門家や、知識人から学ぶとともに、高齢者同士で話し合う学習の中から経験的に必要とされる共通の意識の重要性を明確化し、楽生学園の学習目標を完成させた。楽生学園の学習目標は、8つの項目から成り立っている（表1参照）。

表1：楽生学園学習目標[35]

①現代の若い人と話し合える老人になる
②家庭で老人が明朗であれば、その家庭は円満である、したがって老人が愛される
③老人が家庭なり、社会なりに役立っているという自覚を持つようになる
④健康維持のために老人病にかんする知識を学び、早老・老衰予防のために、老人心理の研究をする
⑤老人の生活を歴史的に研究する
⑥老人が広く交流交歓をはかり、社会性を深め、組織力をもつようになる
⑦先進国の社会保障にてらして、国や社会に向かって、老人の福祉を増進するための施策を要求する
⑧幸福な寿命を願って、自ら現代に適応するような学習をつづける

学園の学習目標は、「老人がみずから現代を理解し現代生活に適応する[36]」ことを目指していた。具体的には、「老人が過去にとじこもらず、現代人としての常識を身につけ、そのうえで、過去の長い経験をいかすことができれば、若いひとびとの相談相手にもなれて、老人の生きがいも出てくる[37]」という目標であると小林は述べている。

この学習目標は、高齢者が主体的に現代社会を理解し適応するための学習を行うことを目標にしている。この学習目標は、高齢者教育実践を行う上で

の基礎とされた。

　さらに、小林は高齢者の特性を踏まえて目標を立てる重要性についても言及している[38]。例えば、高齢者の学習目標を立てる際の留意点として、「若い世代の人たちは、とかく形式は重んじて、まず『プログラム』を作成したがるようである。白紙に等しい子供の教育なら、まずプログラムを設定し、カリキュラム（教育課程）を組み立てて教育活動を推進しなければならない」が、「現在の老人は白紙ではない。いろいろな雑色がしみ込んでいるのだ。しかも、それは容易なことでは変えられない固まりとなっている。したがって、老人教育の場合はまず、その固まりをほぐすことからはじめなければならない」と述べていた[39]。

　小林は戦後の高齢者について「日本人が全体主義国家として君臨していた時代に生活してきた（中略）老人」であるとし、「老後の生活をみずからの頭で考え、みずからの行動で改善していく学習活動をおこなった[40]」ために、高齢者は「民主化」から取り残されたと考えていたのである。したがって、戦後社会において「新しい世代の成長のじゃまになっている存在[41]」と、高齢者を位置付けたのである。すなわち、小林の構想における高齢者の学習にとって必要なのは、「現代人となる」学習であった。

第2節　「現代人となる」学習の概念

　本節では、「現代人となる」学習[42]を主張するに至った経緯を明らかにする。これまでの先行研究では、小林の学習目標の分析についても紹介にとどまっていたが、小林の高齢者教育論の内実についても分析は行われておらず、楽生学園の実践を表層的に論じるにとどまっている。そこで、小林の考える「現代人となる」学習に着目することで、小林の高齢者教育論を明らかにしたい。

(1) 「現代人となる」学習を提唱するに至った経緯

　1950年代当時、楽生学園があった長野県伊那市東春近の地域の状況は以下の通りであった。この地域は、以前から「伊那の米どころ」といわれる純農村地帯で、代々米づくりで生計を立ててきた農家が大多数であった。戦後直後の不況の中で、〈大企業〉は「強者」であったが、〈農村〉は「弱者」として不遇であったと小林は述べている。東春近は、純農村地域であったため、当時の経済政策に対応して農業改革を行うことが難しかった。その理由から、長男の7〜8割が中心部に勤めにでるようになったため、地元に残った高齢者によって農業が行われていた[43]。しかし、体力を失ってしまった高齢者には、活発に活動を行うことができなかったため、不遇な〈農村〉のなかでも高齢者の立場は戦前の高齢者と比べて弱い立場であった[44]。

　当時、戦前から続く家族制度にみられた敬老思想のもと、高齢者は若者から扶養されることを望んでいた。一方で、高齢者に戦争責任があると考えていた若者は、経済状況の低迷と失業、雇用不足のなか、高齢者への不満を増大させていった。

　当時の東春近地域の状況のなかで、小林は高齢者への学習の重要性を説いていた。この学習とは、①高齢者の経験をもとにした学習と②次世代への貢献を目的とした学習の2つである。この学習とは、高齢者が戦前の価値観を払拭し現代社会を見つめること、もうひとつは、世代間問題、とくに、青年との関係性に留意することであった。これらの問題は、高齢者自身の問題と、高齢者と社会、とりわけ他世代との関係であった。小林は2つの学習を現代における高齢者の理想的なあり方として「現代人となる」学習と称している。

　1つめの論点は、戦前の家族制度の反省としての戦後の民主化を、高齢者自身がその変革主体となって捉えていくことの必要性を示したものである。小林は、先述したように、戦前の社会事業には、自立困難な要保護者に対する救済と奉仕がその基本的理念にあるとし、戦後の社会事業の変容を、「す

べての個人、すべての家庭を対象として、不幸な状況をなくすことにより、さらにその幸福を増進するという点に力を注ぐこと[45]」にあると考えていた。当時の社会福祉理念の転換点として、すべての家庭が幸福を追求することになった点と、小林は捉えていた。

とりわけここでは2つめの論点、世代間の問題、とくに若者と高齢者の問題に注目したい。世代間の問題について、小林は次のような問題提起をしている。

> ほんの少数の財力や権力をもって、社会の指導的な地位にいる老人をのぞけば、大部分の老人は家族からも社会からも、邪魔者あつかいされ、不安を感じている。その不安が民主主義への懐疑となり、新しい教育への不信となり、若い世代への反感となってあらわれる。そして軍国主義や家族制度にあこがれ、ますます、かたくなな老人になってゆく[46]

小林は、高齢者の学習活動が促進されない理由として、高齢者の学習要求が社会から阻害されるとしている。これは、1950年代の家族制度復活の論議のなかで、世代間に衝突が生まれており、小林は世代間の考えの相違を埋めることを主眼に置いていたからである。

他方、社会問題として高齢者との世代間問題に直面しているにもかかわらず、高齢者の学習環境の整備がされない理由についても小林は言及している。以下に、小林の指摘を示す[47]。

> 近ごろでは老人病の研究も進歩したし、老人の心理学も広く研究されている。そのうえ老人の生活を全般的に考えている、いわゆる社会科学的研究もぽつぽつ究明されはじめている。しかしこんな問題は若い世代には魅力のないものかも知れない。だが若い世代もいずれは到着しなければならないのだから、一応の学習は大切だと思う。いな、そういう学習をおこたっていることが、老人を保守的に追いやっているのではないだろうか。

これは、若者が高齢者の問題を未来の当事者として考えずに、現状の高齢者への批判に終始していることについての小林の指摘である。

小林が考えた「現代人となる」ための高齢者への学習内容は、以下の事例により深まっていった。はじまりは、地域の若者が農業改革の課題に直面し、以下に述べたことにある。

> 近ごろの農業は、農薬や化学肥料にたよっているけれど、虫まで死んでしまうクスリをまかれたのでは、土も生きてはいられないのではないかね。野菜なんかは、やっぱり昔ながらの堆肥を使っての、自然栽培をしてほしいなあ[48]

この発言に対して、高齢者はこれまでの自分たちの経験を生かすのみであり、容易であると返答している。小林は、この会話を参照し、以下のように結論づけている。

> このことがかりに成功すれば、残留化学物質などの危険性を全く恐れず、しかも、おそらく香りと味覚の豊かな野菜が、その老人一家の食卓を色どることができるでしょう。そこで、若い人たちに農薬や化学肥料を使って栽培したものと食べくらべしてもらうのです。結果は火をみるより明らかで、このときこそ、老人はグンと胸を張るときですし、また、それをきっかけにそうした自然栽培が食生活の改善にまで発展すれば、老人の経験があらたに生きることにもなるので、老人にとって、それはきっと「生きがい」になる[49]

小林は高齢者教育論として、以下の2つが必要であると考えていた。1つめは、高齢者が新しい教養を身に付けることよりも、世代間の溝を埋めるために高齢者自身の経験を次世代育成のために活用することである。2つめは、学習内容が常に地域課題（ここでは、農業改革）に即していることである。

なお、小林は後に上記の新しい教養を「生きた教養」と称している。「生きた教養」という用語は、その後の小林の高齢者教育論のなかで頻繁に用いられる。「生きた教養」とはボーヴォワールの『老い[50]』で使用されている"la culture vivante"を指している。小林は、『老年期の生きがい』（1977年）の中で、東京新聞の記者とボーヴォワールの会話として引用し、使用する経緯を述べている[51]。

(2) 「現代人となる」学習の意義

　小林の「現代人となる」学習は、先ほど述べた①高齢者の経験をもとにした学習と②次世代への貢献を目的とした学習の2つである。本項では、まず小林の考える「現代人となる」学習の意義について具体的な内容を明らかにする。そのうえで、高齢者が「現代人となる」学習を行った学習効果について、高齢者の社会貢献に着目し論じる。

　小林は「現代人となる」学習の意義を、高齢者が「現代」社会（＝その当時の）に有益な活動ができる人材となれることであるとした。そのためにも「現代」の社会状況を理解することを目指した。

> 老人が現代に役立つためには、老人が自ら現代を理解しなくてはならない。（中略）それゆえ老人には現代適応の共同学習が大切だと思う。しかもそれは特定の人間が教育するというものではなくて、地域のすべての老人が地域にそくして共同学習するものでなければならないのである[52]

　小林は、高齢者が戦前の若い時期に受けた教育と「現代」の教育との相違の究明が「現代人となる」学習の初歩であるとした[53]。

　ここで述べられている「共同学習」が、小林の「現代人となる」学習を行うための方法であると彼は考えていた。この共同学習とは、当時、共同学習論として日本青年団協議会（以下、日青協）の青年学級振興法制定に関わる運動の中心的な議論のことである。戦後の社会教育再編において「共同学習」という学習理論が提起された。この学習理論は、当時のサークル運動の社会教育的な表現として使用された用語である[54]。小林は、高齢者の学習おいても「共同学習」を行うことを目指していた。以下に、小林が考える高齢者の学習についての言及を記す。

> 日本の老人が、すべて幸福に生活できるまで社会保障の充実をさけび、政治の

面に、経済の面につよい要求運動を展開することこそ、現代老人のなすべき任務である[55]。

　小林は生存権保障のための運動を行うことの重要性を論じていた。小林は、戦前の教育を受けた高齢者のような「自己の権利を主張することや、権力にたいして抵抗することを罪悪と思いこまされている人間が、現代社会の一員としてみずからの幸福を獲得するいとなみをつづけていこうとするのは容易ではない。そんなことからも、老人も現代人となるための学習をおこたるわけにはいかない[56]」と主張している。

　小林は高齢者にとっての運動とは、高齢者の生存権保障の運動であると考えていた。この権利を小林は「現代的福祉」の保障と述べている。「現代的福祉」とは、高齢者が自立した生活を送ることができるための社会福祉制度である。そして、小林は「現代的福祉」の保障を目的とした要求運動を積極的に行った。以下に小林の言説を示す。

　　老人が集団をつくって、楽しみながら学習をする。そして現代人となり人格完成の営みを重ねる。一方大きな組織づくりをして老人福祉の拡充をおしすすめる。これが現代老人に与えられた使命である[57]

　この強い要求運動は、その後の小林と楽生学園の高齢者の老人福祉法の陳情書提出の活動（1955年）へと展開した。

　小林の共同学習の様子は記録映画にも残っている。楽生学園の16ミリフィルムによる記録映画である「老後を変える[58]」のなかで、学園の講習会として参加している高齢者が取り上げられている。映像では、高齢者の孫が学校において話題になった人権教育の問題を家族団欒の場において触れ、これに対して返答したことへの感想が映し出されている。このとき、高齢者は、日本国憲法を作り上げてゆく主体が国民であると、孫に説いた。この返答に対して、孫は、その高齢者に対して関心を持ち、家庭でのコミュニケーションが深まり、高齢者は社会に参加しているという実感が湧いたと述べている。

この映像には、高齢者の社会参加として行政に参画することと、世代間の断絶が起こらないようにするための小林の理論が反映されている。また、映像では、共同学習の様子も描かれている。日中関係の問題を高齢者同士で議論する場面が描かれている。

「現代人となる」学習を行うことによって、学習効果として生きがいを獲得することができると小林は考えていた。生きがいを獲得し、充実した老後を送るためには「貢献欲求」が満たされなければならないと小林は考えていた[59]。小林は、高齢者の「貢献欲求」は家族と社会の2つの方向に目が向けられるべきであると考えていた。そして、高齢者の貢献活動のなかでも若者に有益な活動を行うことが重要であると小林は考えていた[60]。具体的には、若者の世代の老後の不安を高齢者の積極的な活動を見せることで解消させることであると小林は考えていた。

第3節　楽生学園の学習内容 —調査活動と学習プログラムから—

楽生学園の学習の特徴は、前節で述べたように、「現代人となる」学習を行うことである。小林は、学園で「共同学習」を行うことを目指していた。しかし、先行研究として一番ケ瀬康子（1978年）は、高齢者も市民として知らなければならない政治や経済の問題を中心にカリキュラムを組んでいたと述べているものの[61]、小林が高齢者とともに「現代」の高齢者問題を理解するために調査研究活動を行ったことにまでは分析が及んでいない。単に政治や経済問題を理解する一般教養のための講座ではなく、強い要求運動を行う小林の理念を踏まえていない。

本節では、小林の理念に沿って、学習内容を検討する。特に、小林が行った調査内容を中心に論じる。

学園における学習方法の特徴として2点挙げられる。①現代社会を知るために主体的に社会調査を高齢者が行う点と、②講義内容として「話し合い」

を重要視している点である。

1つめの学習内容の特徴は、高齢者との共同の社会調査を1957年から1958年にかけて行ったことである。社会調査は東春近地域の現状を理解することであった。第1回目は、1957年3月に、調査対象を楽生学園に参加した高齢者として行われた[62]。その第1回目の調査は以下のようであった（表2参照）。

表2：第1回調査（1957年3月）[63]

> 一、あなたは楽生学園をどうお考えですか
> 二、真冬をのぞいて毎月やっているがどのくらいがよいか？
> 三、三年間にやってきたことで、特によかったと思われる行事と講演は？
> 四、一〇円の月謝について
> 五、今後どんなことがやってほしいか
> その他の意見

この調査の結果については明確に記されていない。しかし、高齢者が楽生学園をどう思うかについての回答として、「家庭にばかりこもっていると退屈してしまうが、集まり出ることで若がえらせてもらえる」、「視野が広くなってうれしい」という楽生学園に対する肯定的な回答だけでなく、「名声にとらわれず、地道にやってゆこう」という楽生学園に対する助言や提案の回答もあったと小林は記している[64]。また、今後どんなことをやってほしいかという問いに対して、「講演、講話を多くしてほしい」、「小中学生との話しあいをしたい」、「婦人会員とも話しあいたい」、「健康に関する話しをききたい」、「政治に関する話しもききたい」等の回答があったと小林は記している[65]。

第2回目は「東春近地区高年者実態調査[66]」として、東春近地区内に居住する60歳以上の楽生学園の会員を対象としている。第2回は『老後を変える』によると、1958年4月になっているが、『福寿草』によると1968年4月となっている[67]。明らかに『福寿草』の資料は年号を上から訂正しなおして

いる。この様に訂正した理由について明らかにできないが、『老後を変える』が正確な年号であると推測できるために、調査した時期を1958年4月とする。第2回目の調査は以下のようであった。

表3：第2回調査（1958年4月）[68]

```
                  対象者     男     女     歳
(1)  あなたのおつれあいは   有    無
(2)  あなたのお小遣いは
     自分でかせぐ   若い者から貰う   年金・恩給
(3)  あなたは家庭で
     しあわせだ   しあわせでない
(4)  あなたは 健康ですか   病弱ですか
(5)  あなたは楽生学園へ   出ている   出ない
     これから出る   の どちらですか？
```

この調査について、小林は「年金をもらいたいという意見が多かった」と論じている。その理由として、「諸外国の年金制度のことなどを学習のなかで学んだ結果であろう」と考えている[69]。

東春近地区の60歳以上の高齢者をみると、以下の通りである。

次に(1)「あなたのおつれあいは」の設問に、小林は「六〇歳以上の老人のほぼ四〇％はひとりものになっている。したがって七〇歳代になって夫婦そ

老人の年齢別人数[70]

60代	267 人	48	％
70代	181 人	33	％
80代	61 人	11	％
90代	5 人	1	％
無記入	41 人	7	％
計	555 人	100	％

ろっているものは、まずまれだといってもよいだろう。(中略) 六〇歳代の男では配偶者が無いものが、二一人しかいないのに、女では五〇人もいる。七〇歳代になると男の一九人にたいして、女は六七人と急増してくる。年齢層が高くなるにつれて老婆のひとりものが、ひじょうに多くなっていくのである[71]」と分析している。

続いて、(2)「あなたのお小遣いは」についてたずねた結果は以下のようであった。

老人の年齢別性別配偶者の有無[72]

	男		女	
	配偶者有	配偶者無	配偶者有	配偶者無
60代	115 人	21 人	96 人	50 人
70代	56 人	19 人	33 人	67 人
80代	16 人	12 人	2 人	29 人
90代	0 人	1 人	0 人	4 人

老人のこづかいの出所[73]

自分でかせぐ	168 件	28 %
若い者から貰う	313 件	55 %
年金・恩給	59 件	10 %
無記入	32 件	7 %
計	572 件	100 %

また、最後の意見において、81歳の女性の回答に「生きて居るうちは一応でも、養老年金を受けたい[74]」という記述があったことに対し、「老人福祉に対する痛烈な回答[75]」と捉えている。「老人の希望として、養老年金がほしいという要求が圧倒的につよかった[76]」からであると小林は考察している。

第3回目の調査は222枚配布に対し、203枚回答があり、回収率が91％と調査開始から過去最高の調査になった。第3回目の調査は以下のようであった (表4参照)。

表4：第3回調査（時期は不明）[77]

学園に参加してどう変わったか

①生活に張りがでてきた	87件	35%
②何となく楽しくなった	138件	55%
③別段変わりない	21件	8%
④その他	0	0
無記入	6件	2%
計	252件	100%

仲間との関係はどうか

①仲間ができてうれしい	163件	79%
②まだ本当の仲間はできない	22件	11%
③いやな人がいるので不愉快だ	5件	2%
④その他	3件	1%
無記入	14件	7%
計	207件	100%

家族との関係はどうか

①園に出ることを家族が協力してくれる	166件	68%
②園に出ることを家族がよろこばない	6件	2%
③若い人と話しあうようになった	50件	20%
④特別変わりない	17件	7%
⑤その他	0	0
無記入	7件	3%
計	246件	100%

仕事の関係はどうか

①参加してから仕事が楽しくなった	126件	60%
②つまらない仕事をするのがばからしくなった	15件	7%
③特別変わりない	53件	26%
④その他	1件	1%
無記入	13件	6%
計	208件	100%

ものを考えることについて

①ものを考えることが楽しくなった	102件	42％
②自分の考えを人に話したくなった	101件	42％
③何も考えたくない	19件	8％
④特別変わりない	1件	1％
無記入	17件	7％
計	240件	100％

学園に希望したいこと

一、どの月でも女老人の出席が多いが、もっと男老人学生が出席することをすすめてもらいたい。
一、村中の老人全員が出席するように希望する。
一、一年でも早く明朗な社会に居住し、友と話し世の進歩を見たい。
一、楽生学園歌詞を作りたい。
一、他町村の老人クラブを見学したい。
一、毎年の旅行にまごつかないように、毎月積立金が必要ではないかと思う。
一、ますますよい学園になってほしい。
一、各部落でやったことを持ちよって、代表者から報告して研究するようにしたい。
一、派手に走らずに地道な学園方針を確立してほしい。
一、今までより以上よい学園にしたい。
一、揃った茶菓子を用意してもらうと出やすいと思う。

その他

一、男の仲間が死んだため、面白くないから出席をやめている。
一、女の衆の言うことを聞くと、支度がよすぎていっしょにお寺へ出席できないとおもう。お客でもそうだが、お金もないのに身支度を競うことはよして、並支度でみな楽しく出席を望む。
一、園長さんに引率されての修学旅行は楽しい。
一、学園への出席も、忙しい時はよろこばない。
一、なにかよい仕事を見つけてほしい。
一、勉強の時あまり長いお話にならぬよう。いくら立派なお方の良いお話も、長いとうんざりになります。これが年寄りというものかしら、長くとも一時間位で、中間休を一寸休ませてからつづけてもらいたい。
一、身体の具合が悪いため一年休みました。美奈さんから別れていくような淋しさを感じます。

3回目の調査は、具体的な調査であり、91％の回答率は、東春近地域の全体調査となる規模のものであった。内容は、学園・仲間・家族・仕事などについてであるが、特徴点は、「ものを考えることについて」という項目である。小林は、戦前の高齢者が、物事に対して考え、主張することに罪であると考えていたため、「自己改造」を学習目標として掲げていたことからこの調査を行った。

　これらの3回にわたる調査は、小林が「現代」の社会状況を高齢者とともに究明する「共同学習」を行うことを目的とした調査であった。

　2つめの学習内容の特徴は、「話し合い」という講座が盛んに行われていたということである。この講座は、上記の「共同学習」を体現したものである。実際に楽生学園の学習プログラムを見ると、「話し合い」を多く行っていることが分かる（資料1「楽生学園の学習プログラム」参照）。

　学園の学習目標を作る際に、小林は高齢者の主体性を求めていたことは、学習テーマ「楽生学園の集いの目標作成」の学習方法が「話し合い」とされていることからもうかがえる。

　講座は、毎月一回を目標に行われた[78]。詳しくは資料1に挙げた「楽生学園の学習プログラム」の通りであるが当初は年間7、8回であった。やがて、15回程度の講座になり、月に1～2回となった。実際に月に1回の講義になったのは、この資料より1959年頃からであると推測される（表5参照）。

　講座の内容としては、上記にある通りであるが、講演・話し合い・見学（修学旅行）等で、小林の学習目的であった世代間の断絶を埋めるための交流が含まれている。学園の講師依頼にも小林は注意を払っている。講師依頼となると、それまでの公民館の講師依頼のように、主事や学習のリーダーが一方的に決めてしまうことが多い[79]。そのようにならないためにも、高齢者たちが学習したい内容を協議し、対応できる講師を呼ぶという形式を小林は崩さなかった。このことは、16ミリフィルム映画『老人は変わる』に当時の記録が残っている。

表5：1959年度楽生学園年間講座[80]

回数	学習テーマ	学習方法	講師
1	老人クラブのあり方（交流会）	岩手県の一行と話し合い	小林文成
2	老人学級のすすめ方（交流会）	半田市社教一行と相互学習	小林文成
3	老人学級のすすめ方（交流会）	須坂市公民館と話し合い	小林文成
4	老人医学について	講演と話し合い	大学教授
5	夏に向う体の調整	話し合い	医師 保健婦
6	老人ホーム慰問	話し合い	
7	懇親会	話し合い	
8	保健のあり方	講演と質疑	保健所長
9	生活調査「健康診断」	調査	大学社会福祉研究部員
10	中学校教育見学	見学	中学校長
11	精神衛生について	講演と質疑	大学教授
12	食物研究	講演と質疑	医師
13	青年との交流	話し合い	長野県社会部長
14	直江津への旅	見学	
15	映画鑑賞	話し合い	小林文成

小林は高齢者の学習課題について分類を行い、老人問題、家族問題、道徳問題、時事問題、政治問題の5つとした。

老人問題について小林は、高齢者自身が知っておかなければならない基本的な問題であると位置付けている。内容としては、「老人人口の推移の状態の把握」、「老人病問題」、「老人心理の問題」、「老人扶養の問題」、「老人の生きがい研究」等である[81]。家族問題について小林は、若者との世代間の問題を解消するための民法、特に家族法の理解を積極的に行っている。これは、上述の家族制度論復活の論議で世代間の断絶を防ぐことを目的としている。さらに、高齢者福祉の増進を目的とした運動を行うことを目指した[82]。道徳問題について小林は、戦前の敬老思想から考え方を変えるために高齢者自身が「自己改造」を行うことを目的とし、「社会教育の活動の不足[83]」として社会貢献活動を積極的に行うこととした[84]。時事問題について小林は、「現

代人となる」学習を目的とし、新聞、雑誌、テレビの報道から社会状況を把握し「共同学習」をすることに主眼を置いている[85]。政治問題について小林は、高齢者の人権保障の運動を行うために高齢者が積極的に政治に関心を持ち、政治を監視し、選挙活動を行うことを目指している[86]。5つの問題を高齢者教育の学習の基盤として小林は位置付け、戦前とは異なる「新しい老人観[87]」を持つことを提唱していた。

第4節　楽生学園の高齢者の活動

　本節では、学園の高齢者の活動を2つの側面から分析する。1つめは、先述した小林が社会教育活動として位置づけていた社会貢献活動について、2つめは、本節で論じる小林が強い要求運動の必要性を説いた老人福祉法制定の陳情書の作成経緯についてである。この2つの側面は、その後の1970年代以降の教育と福祉の谷間の問題の論議へと発展する嚆矢となった。先行研究では三浦文夫（1996年）が表層的な指摘をするにとどまっており、1970年代の老人大学の分析の基本的な考え方になったにもかかわらず、小林の実践および理論の分析がなされていない。

　小林が高齢者の学習活動について教育と福祉を分けて考えるようになったのは、1960年代目前の老人クラブ活動を行ってからである[88]。この年代に小林が行っていた活動は、高齢者の社会保障の権利運動と地域福祉としての老人クラブの組織化であった。以下に2つの活動内容を中心に検討する。

　1つめは、小林の高齢者の権利獲得のための運動について明らかにする。小林は、高齢者の解放を社会へ訴えかける手段として、小林と楽生学園の高齢者たちが連署して老人福祉推進の陳情書を厚生大臣、長野県代議士、長野県知事（林虎雄）へ送る活動を行った。

　きっかけとなったのは、当時日本寿命研究会会長であった渡辺定が、楽生学園を来訪し世界各地の老人対策等を講演したことである。渡辺の講演を聴

いた高齢者たちが、その後の学園での「話し合い」を行い議論している。

　　日本という国は、言葉だけで、敬老思想をかんようしなくてはいかんていうのだろう。言葉だけじゃ腹はふくれない。私の考えでは、おそらく世界でいちばん老人を粗末にしているのが日本だと思う。だって国家として老人になんにもしてくれないじゃないか。第一、おじいちゃんおばあちゃんたちは人がよすぎるんだ。こういう点では老人は大いにおこるべきだと思うなぁ[89]

　議論の内容は、若者への社会的支援も行き届かない当時の経済状況によって高齢者政策が後回しになっていた状況を打破し、高齢者自ら権利要求の活動をしようとするものであった。小林はこの議論を聞き、学園の高齢者が結束して当時の厚生大臣や代議士、長野県知事に老人福祉法制定の陳情書を出すことを提案した[90]。

　小林が提案したのは、学園の高齢者が陳情書提出の活動によって全国の高齢者たちを先導し、高齢者政策の改善要求を行っているという高齢者の自信につながる活動だと考えたからである[91]。さらに、小林は、権利要求の活動を行うことによって、戦前に受けた教育からの呪縛から高齢者が解放されると考えたからである。

　老人福祉法制定の陳情書を提出するという提案に高齢者は賛同し、すぐに陳情書作成にかかっている。その理由の一つに、小林は当時の高齢者の実態として、1958年に東春近地区の高齢者に小林自身が行った「老人のこづかいの出所」という調査を挙げている[92]。

　この結果から小林は「半数以上の老人が、こづかいを世帯主にもらわなければならないのだ。ところが農家の世帯主たちは、老人にこづかいがいつでもやれるほどゆたかではない[93]」と実感している。現状において高齢者たちは自立した生活を送ることができないと考えていたのである。この調査活動から、伊那地域の高齢者が生活において自立できない実態を社会全体に認識させるために、小林と楽生学園の学習者が陳情書を送ることを決意した。

　この陳情書の作成について、小林が自身の著書の中で多く論じていること

から、楽生学園での実践において重要な出来事であると捉えていたと考えられる。『老後を変える』から引用することで陳情書の内容を理解したい。陳情書は以下のような内容であった（表6参照）。

表6：楽生学園陳情書[94]

> 　最近われわれ日本人の寿命がのびて、老人の数は増加しつつあります。従って老人の境涯を考え、生活をはかることは社会の急務となり、一日も放っておけない事柄となりました。
> 　世のすべての老人が、さらに向老の道をたどりつつある人びとが、家庭の生活にまた社会の生活において、明朗快適な生活をおくれるように、一般人の敬愛慰撫とともに、その厚生福祉をはかり、同時に老人自身にその地位や能力を自覚させ、各自の生活をきりひらいて行くようにしむける、いわゆる老人福祉ということが、大きな課題となってきました。
> 　わが楽生学園は、昨年五月十日開園以来、ジエロントロジー（老年学）の勉強、時事問題の研究、若い世代への理解、修学旅行等の学習を重ねてまいりました。
> 　これらの経験から、地域社会も指導者も、政治家も、国家も老人福祉のことに、あまりにも無関心だと感じます。われわれは福祉国家建設のために大いに働く考えです。しかしいよいよ年寄りになってしまえば、社会がその生活を保障するということではなくては、安心して働けません。
> 　われわれは貴職に対して一日も早く老人福祉法の立法化を促進することに絶大の努力をされますよう一同の署名をもって、陳情に及ぶ次第であります。
>
> 　　　　　　　　　　　　　　　　　　　　　　昭和三十年四月
> 　　　　　　　　　　　　　　　　　　　　長野県伊那市東春近
> 　　　　　　　　　　　　　　　　　　楽生学園々長　小林文成
> 　　　　　　　　　　　　　　　　　　　　　　　　一同連署

　この陳情書から小林と高齢者たちが訴えたいことは、「ジエロントロジー（老年学）の勉強、時事問題の研究、若い世代への理解、修学旅行等の学習」によって理解を深めた結果、「世のすべての老人が、さらに向老の道をたどりつつある人びとが、家庭の生活にまた社会の生活において、明朗快適な生活をおくれるように、一般人の敬愛慰撫とともに、その厚生福祉をはかり、

同時に老人自身にその地位や能力を自覚させ、各自の生活をきりひらいて行く」ことの重要性を認識したことである[95]。陳情書を送った影響として、林虎雄知事はその年（1955年）に長野県の老人福祉行政施策として、寝たきり老人の介護者派遣制度を実施している。これを、全国ではじめての制度であると小林は述べている。翌年には、林は楽生学園を訪問している。このときの講演は伊那町の公民館が林知事の講演を聴くよう号外を発行して地域に宣伝する効果もあり、参加人数も多数で、討議も盛んであった[96]。

したがって、以上の陳情書の送付は、楽生学園の学習者にとって高齢者問題学習に対する意識を深めた事例であったといえる。

2つめは、小林が携わった高齢者の社会福祉を拡充するための老人クラブ（＝伊那市楽生会）の運営について明らかにする。

はじめに、小林の老人福祉活動について述べる前に、彼の老人福祉に関する著書として、『老人クラブにいきる』（社会保険出版、1970年）『老人クラブ活動のあり方』（非売品：伊那市で開催された老人クラブ指導者ゼミナールで小林等により作成された日本最初の老人クラブの手引書）等があることを述べておく。老人クラブのオーガナイザーとして各地の老人クラブの設立に携っていた小林は、1960年に長野県老人クラブ連合会の副会長になっている（後に会長に就任する）。これは、三浦文夫が楽生学園を「老人の社会教育活動の歴史的に重要な意義をもつが、同時にその活動は老人クラブ活動と一体となり、老人福祉法の制定運動のようなソーシャルアクションを含め、老人福祉活動と分かちがたく結びついている[97]」と小林の老人福祉的実践でもあると論じているように、彼の老人福祉活動が長野県社会福祉協議会に認められていたと推測できる。したがって、この長野県老人クラブ連合会の活動する場所として、公民館を利用できるようにし、老人福祉センターとしての役割も担わせたことは、小林の活動が影響しているといえる。しかし、老人福祉法が制定された後に、老人福祉センターが独立して作られたことにより、そこでの活動が「老人の社会参加、生きがい活動や教育・学習の場となっていき、社会教育

との関係を次第に薄めていく」こととなる。こうして社会教育から老人クラブは引き離されてしまったのである。

　次に、老人クラブ連合会である伊那市楽生会の活動について考察する。小林は「イギリスの老人福祉委員会編の「老人クラブ―新説と経営の手引き―」というパンフレットが、東京浴風園にとどき、当時浴風園におられた芹沢威夫氏が、このパンフレットを翻訳して、各方面に配布され（中略）そのパンフレットを参考にして、さっそく老人クラブを作る動きが出てきて、時を同じくして東京都新宿生活館の館長だった塚本哲先生が、館内に老人クラブを創設した[98]」のが老人クラブの始まりであると述べている。同じ時期、伊那市内の各地域においても老人クラブの創設の動きが高まっていた。1955年に結成された伊那市楽生会はこの地域の老人クラブを統合した、全国初の老人クラブ連合会である。以下に伊那市楽生会の規約を載せる（表7参照）。

表7：伊那市楽生会　規約[99]

一、本会は伊那市楽生会といい、伊那市に在住し、本会の趣旨に賛同する者をもって組織する。
二、本会の目標は伊那市在住の老人相互の親睦をはかり、現代の社会を正しく理解し、よりよい地域社会の建設に協力するものとする。
三、本会は春秋二回定期大会を開き講演会、研究会等をもち、娯楽会旅行なども行う、なお必要に応じて臨時会を開くこともできる。
四、本会に会長副会長をおき、事務は幹事がこれを処理する。
役員 　　　　会　　長　　　武田　宗雄　　　伊那地区 　　　　副会長　　　　飯島　長蔵　　　東春近地区 　　　　支会長　　　　牛山七五三男　　富県地区 　　　　　〃　　　　　北野　増蔵　　　美篶地区 　　　　　〃　　　　　原　才太郎　　　西箕輪地区 　　　　　〃　　　　　蠅　儀市　　　　手良地区 　　　　幹　　事　　　樋代　準平　　　伊那地区

林　春雄	市教育長
小林　文成	東春近地区

　この伊那市楽生会結成に小林が深く関わったことについて、三浦文夫は規約の第二条「本会の目標は伊那市在住の老人相互の親睦をはかり、現代の社会を正しく理解し、よりよい地域社会の建設に協力するものとする。」が楽生学園の学習目標と類似していることから導いている。その類似点とは、民主主義社会において高齢者が相互理解をし、地域社会とも関係をもつことが必要である点である。この考え方は小林が高齢者の活動を行うときの基本となる考え方である。

　以上のことからも、小林は老人クラブにおける実践と高齢者学級における実践を区別していないことが分かる。その理由として、小林は高齢者教育が社会福祉における保障を獲得するための学習を主体とするべきであるからとしているが、具体的に述べると、「老人クラブや高齢者教室などで、レクリエーションを取り入れるのも、要は仲間づくりを達成するためである。歌ったり、踊ったり、体操したりする、そういうなかでお互いにふれあって、心のうらにひそめているへだたりを払いのける。しかも同じ目標に向って、共同学習をする。そういうことによって、人間が必ずもっている集団欲をみたす。その集団のなかで自己を満足させ、友をよろこばせる。そして、生きがいを発見したい[100]」と考えていたからである。

　小林の活動において教育と福祉を特別に区別して考えなかった理由は、戦後直後の小林の問題意識が高齢者の「自己改造」であったからである。高齢者が「自己改造」し、「現代人となる」学習を行うためには、高齢者に適した学習を行う必要があり、それは教育や福祉といった分類で分けられるものではなかったからである。

注

1) 方面委員については、たとえば、原恭一『方面事業』常磐書房、1941年を参照。方面委員は、市町村長の推薦に基づき、警察署長の意見をうかがって移植する場合が多数であった（p.24）。
2) 信濃生産大学は1960年8月発足。宮原誠一は総主事を務める。宮原誠一「信濃生産大学に参加して」『宮原教育論集』第2巻、国土社、1977年。
3) 塚田一敏「ライフヒストリーとヒストリカル・モメントに関する予備的研究(1)」大阪教育大学編『社会教育研究』第12号、2007年、p.63。
4) 小林文成『老人は変わる』国土社、1961年、pp.268-269。
5) 小林文成『老後を変える』ミネルヴァ書房、1978年、p.7。
6) 同前、pp.7-8。
7) 小林文成『高齢者読本』日常出版、1975年、p.32。
8) 小林文成『老人は変わる』前掲、pp.9-10、pp.13-14。
9) 小林文成『高齢者読本』前掲、p.32。
10) 同前。
11) 第1回目の受講参加者は86名であった。参加者は前村長、村会議員のような村の古老や高齢女性が多数であった。会費については、自主的活動の趣旨を明確にするため自費で、月謝は10円であった。
（木下たかね『老人の学習権とその展開』日本女子大学社会福祉学科卒業論文、1976年。この論文は小林の著書『老後を変える』（ミネルヴァ書房、1978年）に引用してあるのみで現存しているか定かではない。）
12) 小林文成『老後を変える』前掲、pp.10-12。
13) 藤崎康夫「戦後移民五十年—日本戦後史を語る歳月」（『世界』第722号、岩波書店、2004年1月、p.306）。
14) 戸頃重基「崩壊期の家族性とその道徳的診断」（『理想』第266号、理想社、1995年7月、pp.73-74）。
15) 「読売新聞」1954年8月12日、朝刊5面「家族制度復活を警戒する」、「《人間》を守る新民法」、「旧民法では妻子は奴隷あつかい」、「美談よりも社会保障を」より。本記事中、立石芳枝（明治大学教授）は以下のように言及している。「旧民法では長男が財産、家名、祖先祭舵のすべての権利を相続し、これを基盤として家族制度というものがあったわけです。そこでは相続人だけが権威をもち、他の者はドレイでした。娘は一文も相続できない。結婚すれば「これで厄介者

が片付いた」といわれる。そして「嫁」＝（婚家の女）となって、シユウト、シュウトメにかしずくのがつとめとなります。また法律上は盲人、狂人と同じに無能力者として扱われ、親でありながら妻には親権が与えられませんでした。たとえ夫に何人ものメカケがある場合でも、実際は妻のほうから申立てる離婚はほとんど不可能に近かった。このように、妻を独立人格者とせず、イヌやネコも同然に扱っていた。このことはイヌ、ネコと共同生活をしているようなもので、男性にとっても決して幸福なことではありません。」

16) 田邊繁子「家族制度復活の声と戦う」（『世界』通号第111号、1955年3月、p.128)。

17) 「読売新聞」1954年11月15日、朝刊5面「婦人運動のむずかしさ」、「叫ぶ母親自身にも」、「旧時代の名残が」、「足並みそろわぬ都会―農村、嫁―シュウトメ」。

18) 「読売新聞」1954年6月29日、朝刊5面「家族制度復活への不安」、「婦人権擁護同盟、婦人法律家協会主催の懇談会から」、「犠牲になる妻の立場」、「社会補所運不備を転嫁し」、「再軍備と結びつくおそれ」、「復活を防ぐ道は…女性の正しい選挙で」。本記事中、久米愛は続けて以下のように言及している。祖先から子孫へ連綿とつづく家族制度の観念は万世一系の国体と密接な関係をもち、祖先を拝む気持は、天照大神を拝む気持と通じるものだ。ここに忠孝が生れ《君君たらずとも臣臣たるべし、親親たらずとも子子たるべし》という絶対服従、家と国を中心とした国民道徳に支えられた大日本帝国が存在したのだ。ではなぜこうした家族制度を復活させようとするのか。それは政府の再軍備政策と結びついて忠君愛国の精神が必要となってきたからで、政府は憲法第九条の戦争放棄の規定にもかかわらず軍隊をつくるなど既成事実を作りあげたのち憲法改正をしようとしている。民法改正もその一つの現れだ。また立石さんもいわれたように家族協力の名のもとに社会保障費を減らして軍備を増強しようとする点でも、再軍備政策と結びついた政治的企みといえる。結局これを防ぐには国民の半分をしめる女性が、正しい選挙を行うことが手近い方法といえる。

19) 同前。本記事中、加藤シヅエは以下のように言及している。婦人の権利をうばい去ろう、という意図のほか再軍備問題と切りはなすことのできない密接な関係がある。かつての日本軍隊を夢見る者にとつては、主従関係、命令系統をはっきりさせるということがまず必要。その意味から、人権の尊重、平等などという言葉はもっともきらわれるものの一つ。そのために生れてから間もない幼児の間に命令服従の精神を植えつけるのがいい、そうした幼児の家庭環境が戸主、家長といった権威によって統率されているのが望ましい、と思ってくる、

と考えめぐらすことは決して私らの思いすごしではない。
20) 「読売新聞」1955年1月25日、朝刊5面「家族制度反対へもう一押し」、「23団体の婦人代表が講習会」。
21) 同前、p.69。
22) 西村信雄「日本における家族制度復活の動き」(『季刊法律学』第19号、1955年7月、p.63)。竹田聴洲『祖先崇拝─民俗と歴史』平楽寺書店、1957年10月、一・二章参照。
23) 一番ケ瀬康子「生涯学習権の保障を」(『国民教育』第67号、普通教育社、1986年、p.61)。
24) 藤岡貞彦「生涯学習の権利」(『季刊 科学と思想』No.73、新日本出版社、1989年、p.94)。
25) 三浦嘉久「小林文成の社会教育思想形成と楽生学園の実践に関する実証的研究」『科学研究費補助金基盤研究(C)(2)研究成果報告書』平成12年度-平成13年度、鹿屋体育大学、2000年。三浦嘉久「楽生学園の今日的意義」(日本社会教育学会第48回研究大会発表要旨集録、2001年)。
26) 三浦文夫『老いて学ぶ老いて拓く』ミネルヴァ書房、1996年、p.21。
27) 梨本雄太郎「高齢者の社会参加過程における学習の意味」(日本社会教育学会編『高齢社会における社会教育の課題』、東洋館出版社、1999年、p. 74)。
28) セップ・リンハルト「老人大学を訪ねて」(『日本文化』第三巻、1978年、pp.36-41)。Linhart, S., "Organisationsformen alter Menschen in Japan, Selbstverwirklichung durch Hobbies, Weiterbildung, Arbeit", Wien: Institut für Japanologie, 1983, pp.111-115. 小林文成「老人の学習活動」(『公衆衛生』Vol.43 No.9、医学書院、1979年9月、p.15)。
29) 小林文成『老人は変わる』前掲、p.94。
30) 宮原誠一『青年の学習』国土社、1960年、pp.155-162。第6章第3節「日青協の「主体制」確立運動」参照。
31) 藤岡貞彦『社会教育実践と民衆意識』草土文化、1977年、pp.120-123。
32) 同前、pp.186-187。
33) 小林文成『老後を変える』前掲、pp.13-14。
34) 小林文成『老人は変わる』前掲、p.120。
35) 小林文成『老後を変える』前掲、pp.21-30。
36) 小林文成『老人は変わる』前掲、p.119。
37) 同前、p.121。

38) 小林文成『高齢者読本』前掲、p.44。
39) 同前。
40) 小林文成『老人は変わる』前掲、p.244。
41) 同前。
42) 同前、p.245。
43) 小林文成「老年期の生きがいと学習」(小林文成・松島松翠・東畑朝子『老年期の生きがい』家の光協会、1977年、pp.21-22)。
44) 同前、p.21。
45) 同前、p.240。
46) 小林文成「青年と老人」(全日本社会教育連合会編『社会教育』1963年5月号、p.20)。
47) 同前。
48) 小林文成「老年期の生きがいと学習」前掲、p.22。
49) 同前、pp.22-23。
50) Simone de Beauvoir, "La Vieillesse", P. aris: Gallimard, 1970.
51) 小林文成「老年期の生きがいと学習」前掲、pp.24-25。本文では以下のように述べている。「フランス社会では、教養は少数特権階級の持ち物だということです。ごく少数グループが享受できるもので、いわゆる知的な探求に特別の関心をもつ人びとにかぎられているのです。しかし、これとは異なる教養もありうるのです。私が『教養』と呼ぶのは、世界との接触を広げるために役立つ学問であって、手を使う仕事でも教養はありうる。たとえば、職人は一種の教養を身につけているし、農民的な教養もあります。農民たちが、大地のことを熟知していれば、かれはある種の教養を身につけたことになります。ところが、現代の文化は大部分の人びとにこの種の教養をあたえていないと思います。それというのは、仕事場で同じ動作、または、ほとんど同じ動作の繰り返しをはてしなくつづけている職人と労働者は、生きた教養をみにつけることはできないし、何冊かの文庫本を読んだからといって、将来、かれらの生活のたすけとなるものではありません。だから、私の考えでは、農民のほうが、都会生活者や労働者よりも、老いてから苦しむことが少ないといえます。というのは、かれから、その生涯に、植物や動物や大地と接触して、その教養を身につけることができたからなのです。それに、手を使う仕事は、若いときほどできなくとも、人生の終わりまで続けていけるからです。これらのことを、私は『生きた教養』と呼びます。それは学校や書物でならった教養ではありません。もちろん、本の

なかからえたものも『生きた教養』となりますが、それは専門の人びとに限られます。大多数の人びとは、そうではありません。だから多くの人びとは年をとると、自分を結びつけておく何物かを、なにももたないということになってしまうのです。」

52) 同前、p.21。
53) 小林文成「老人教育を進める際に心すべきこと」（全日本社会教育連合会編『社会教育』(14)、1963年、p.6)。
54) 藤岡貞彦『社会教育実践と民衆意識』前掲、p.120。
55) 小林文成『老人は変わる』前掲、p.212。
56) 同前、p.213。
57) 小林文成「新しい社会貢献のために」（全国社会福祉協議会編『月刊福祉』(8)6、1962年、p.45)。
58) 英映画社製作「老後を変える」日本映画協会企画、16ミリフィルム、1973年。
59) 小林文成『宗教と人生』ドメス出版、1980年、p.126。
60) 同前。
61) 一番々瀬康子「学ぶことは生きがい」（小林文成『老後を変える』ミネルヴァ書房、1978年、p.219)。
62) 小林文成『老後を変える』前掲、p.47。
63) 同前。
64) 同前。
65) 同前、p.49。
66) 同前、p.48。
67) 同前、p.41。
68) 同前、p.48。
69) 同前、p.49。
70) 小林文成『老人は変わる』前掲、p.44。
71) 同前、p.43。
72) 同前、p.44。
73) 同前、p.43。
74) 小林文成『福寿草』日常出版、1979年、p.41。
75) 同前、p.40。
76) 同前。
77) 同前、pp.37-40。

78) 小林文成『老後を変える』前掲、pp.15-16。
79) 小林文成『高齢者読本』前掲、p.55。
80) 小林文成『福寿草』日常出版、1974年をもとに作成している。
81) 同前、p.55。
82) 同前、p.56。
83) 同前。
84) 同前、p.57。
85) 同前。
86) 同前。
87) 同前、p.66。
88) 同前、p.42。本文で小林は以下のように述べている。「社会福祉と社会教育は、車の両輪のごときもので、一方だけでは老後の生活が豊かになるものではない」、「老人クラブは行政側からすると、厚生課とか社会課が中心となって指導している。一方高齢者教育の方は公民館が世話している。この両者がお互いに手を取りあい、意思の疎通をはかって協力していかなければ、効果は現れない」
89) 小林文成『老人は変わる』前掲、p.40。
90) 同前、p.40。
91) 同前、p.41。
92) 同前。
93) 同前、pp.42-43。
94) 小林文成『老後を変える』前掲、pp.32-33。
95) 同前。
96) 同前、p.45。
97) 三浦文夫『老いて学ぶ老いて拓く』前掲、pp.19-20。
98) 小林文成『高齢者読本』前掲、pp.31-32。
99) 小林文成『老後を変える』前掲、pp.38-40。
100) 小林文成『老後を考える』ドメス出版、1978年、pp.20-21。

第3章　1960年代の高齢者対策と老人大学の整備

　本章では、1960年代から1970年代までの高齢者の教育政策が展開していった時代について、1960年代に高齢者教育論を提唱した橘覚勝の研究を明らかにする。

　1960年代は、1950年代の社会改造を目的とした高齢者の学習から、1970年代の高齢者の学習環境の整備に主眼が置かれるようになった時期とのあいだの移行期であるといえるが、本研究では1960年代中頃を境として1950年代から1970年代までを二期に区分することにする。

　1960年代前半は、〈強い〉高齢者から〈弱い〉高齢者へと高齢者像が転換し、高齢者がどのような学習をすべきなのかという価値認識が大きく転換した時代であった。周知の通り1950年代はいまだ日本の経済状況が逼迫しており、高齢者福祉に関わる対策を十分に行うことができなかった。そして1950年代から引き続き1960年代初頭までの高齢者の学習も、国の政策ではなく国民の自主的な組織を中心に行わざるを得なかった。1950年代の高齢者像は、小林が指摘したように、戦前の高齢者像が戦後においても継続され、家族のなかで権力を持ち、若者世代に対して抑圧をする〈強い〉高齢者像であった。

　しかし、そうした高齢者をめぐる社会的悪環境は経済状況の好転によって一変した。それまで未曽有の経済的逼迫から国家からも家族からも〈余計者〉扱いされ、不遇を強いられて〈弱い〉高齢者として扱われるようになった。1960年代に入ると日本の経済状況が好転し、国家予算に余裕が出てきたことでようやく高齢者にも光が当たるようになった。そして1963年、老人福祉法が施行されたのを契機として、高齢者が豊かな生活を享受しうる条件が急速に整備されはじめた。こうした高度経済成長の恩恵を受けるかたちで、1960年代からオイルショックが起こった1970年代初頭までは、「ばらまき福

社」と揶揄されたほどの、高齢者にとっては大変恵まれた高齢者福祉対策を行った時代であった。こうした時期において、高齢者の役割を国から扶養されるべき対象として決定づけられ、福祉を享受する主体として〈弱い〉高齢者から〈弱者〉へとさらに変容していった。高齢者が〈弱い〉高齢者から〈弱者〉へと高齢者像を決定づけるために行った政策が、1965年から行われた国の老人大学政策である。

　このような1960年代の高齢者教育について、先行研究では長く看過されてきたが、その理由として以下の2つを挙げることができる。第一の理由は、先行研究において、1960年代中期から1970年代初頭に始まった国の老人大学政策が高齢者教育の嚆矢だと位置づけられたことである（三浦嘉久[1]・1997年、堀薫夫・2006年）。第二の理由は、先行論において、1950年代には小林文成によって高齢者の学習実践は行われていたが、その後1970年代の老人大学政策まで断絶があるとされてきたためである（堀薫夫[2]・1988年）。

　以上のように、これまでの先行研究では1965年から老人大学政策が始まっているにもかかわらず、その社会的背景を深く検証してこなかったが、実はその時期に高齢者の学習権論を積極的に展開したのが橘覚勝であった。くわえて、1960年代の橘の高齢者教育論は、1970年代の高齢者の学習政策の内実を知るうえでの基礎研究となるにもかかわらず、先行論ではまったく言及されず、そのことからもこれまで1960年代の高齢者教育論については十分な検討がなされてこなかったと言うことができる。

　では具体的に、橘覚勝の高齢者教育論とはどのようなものであったのか。彼は1960年代の社会状況を踏まえて、老人憲章〈私案〉を発表した。この橘の老人憲章〈私案〉は、穂積の高齢者の老人権とは性格が異なり、これまで社会が目を向けてこなかった高齢者の学習の権利に光を当てた先駆的な提言であった。

　本章では、1960年代の高齢者教育論を明らかにするために以下の手順で検討を行う。はじめに、1960年代の社会状況の転換を高齢者政策に着目して検

討する。つぎに、橘覚勝の提唱した老人憲章〈私案〉を検証対象として、1960年代の高齢者の学習権論を分析する。以上の2点を明らかにしたうえで、さらに1965年から始まった老人大学政策の検討を行い、最終的に1960年代の高齢者教育の全体像を明らかにすることを目的とする。

第1節　社会状況と高齢者像の変容

(1)　経済構造と高齢者像の変容

　戦後の高齢者像の変容については、吉本隆明が著書『老いの流儀』(2002年)のなかで、「老い」に対する高齢者自身の心構えも、戦後の経済構造のなかで著しく変化したと指摘している[3]。

　そうした高齢者像の変容は、たとえば高齢者に対する呼称の変遷からも理解することができる。隠居制度が廃止された第二次世界大戦後の新民法には高齢者を年齢から定義づける一文がなくなったため、高齢者に対する定義が曖昧になった。1951年に中央社会福祉協議会(現・社会福祉協議会)が9月15日を「としよりの日」としたが、この「としよりの日」は1964年には「老人の日」に、さらに1966年には祝日化されるとともに、「敬老の日」と改称された。1964年の名称の変更理由は、「年寄り」という表現が不適切であるという世論を受けての変更であった。このことからも1960年代には、「年寄り」という語よりも「老人」という語の方が、より高齢者に対して敬意を払った表現であるという認識が広く共有されていたことがわかる。さらに1970年代に入ると、日本の65歳以上の人口比率が7パーセントを超えた「高齢化社会」に突入するとともに、「高齢者」という呼称が次第に定着していった。

　前述したように、1960年代は高度経済成長期に当たる。この時代は、1960年から始まったベトナム戦争、1964年の東京オリンピックの開催、1970年の大阪万博の開催に見られるような〈特需〉などがあり、経済成長は右肩上が

りであった。1968年には、GDP がイギリスに次いで第 2 位になった。この時代は、経済状況が好転することで高齢者政策に財政資金を投入することができ、高齢者福祉に多額の資金が投入された。そのため、高齢者像は若者や女性を抑圧する〈強い〉高齢者のイメージから、福祉に頼る必要がある〈弱い〉高齢者のイメージ（=〈弱者〉）へと次第に移行していった[4]。

　本節では、以上のような1960年代の高齢者像が実質的な「家」の支配者から〈弱者〉へと移行する社会的背景を明らかにするとともに、社会政策と高齢者の学習環境の関係性にも着目して以下に論じたい。

(2) 〈強い〉高齢者から〈弱い〉高齢者へ
　　　―1950年代から1960年代にかけて―

　1950年代から1960年代の高齢者像は〈強い〉イメージと〈弱い〉イメージの狭間で揺らいでいた。

　1950年代に端を発した家族制度復活の論議のなかでは、高齢者の役割や位置づけは明確にされなかった。1950年代に小林文成が楽生学園を中心に高齢者の「民主化」を目的とした学習を精力的に行ってはいたが、国民に浸透した戦前の敬老思想のイメージが消えることはなかった[5]。

　1960年代には資本主義の発達が産業構造の変化をもたらし、サラリーマンが急激に増加した。そして、急増したサラリーマンを都市部周辺に居住させるための都市計画のなかで集合住宅としての団地が各地に作られていった。このような団地の多くは父親と母親と、子どもが 2 人程度を念頭に置いた設計になっており、そこに高齢者が同居することは想定されていなかった。

　一方、高齢者は田舎でこれまで通り農業に従事することで、行政としては都市部の人口の爆発的な増加を防ぐ効果があった[6]。また高齢者が田舎から離れないことの効果のなかには、高齢者と子ども夫婦が別居することで、高齢者を扶養する義務が減り、家族が家のなかに縛り付けられることが少なくなり、自由に活動ができ消費活動が活発になるという効果を含まれていた[7]。

以上のように1960年代は、戦前の家族制度的な〈家〉からの〈解放〉へと向かった時代的転換期であった。

　しかし、1960年代に入っても家族制度の復活を熱望する議論が絶えることはなかった[8]。その理由は、1960年代でもなお、高齢者を扶養負担することが国家としては経済的に難しかったからである。そこで、国家は復興を目的とした経済成長を当面の課題として、高齢者への社会保障問題を後回しとした[9]。国家は高齢者の扶養を家族に負担させたかったため、戦後になって家族制度が廃止されたにもかかわらず、家族が高齢者を扶養することは当然であると言うような〈道義としての敬老思想〉を存続させたのである[10]。

　一方で、〈文化の伝達者〉としての高齢者の社会的役割は、この時代の日本社会において、否定的に捉えられていた。そのため、高齢者の役割は家族のなかから消失し、高齢者が孤立していった。1960年代に至っても戦前の敬老思想の考えが容易に消えなかった理由は、上述したような国家の経済的問題だけではなく、役割を無くした高齢者自身が、その不安から敬老思想に固執したためでもあった[11]。高齢者が戦前の〈強い〉高齢者像を継続しようと家族制度復活を望み、敬老思想に固執したために、1960年代前半では、家族が役割を無くした〈弱い〉高齢者を、労わりはするが扶養は拒むという複雑な構造になったといえる。

(3) 〈弱者〉としての高齢者像の形成 ―1960年代から1970年代にかけて―

　前述したように、1960年代は〈強い〉高齢者像と〈弱い〉高齢者像の間を揺れ動いていた時期である。1960年代前半には、まだ戦前の家族制度において位置づけられていた高齢者の役割をどのように〈戦後的なもの〉へと転換すればよいのかという50年代からの問題意識が未解決のまま引き継がれていた。しかし、1960年代後半になると、国家および家族のなかで役割を失った〈余計者〉としての高齢者から、国の社会保障を受ける社会的支援が必要な存在=〈弱者〉へと高齢者像が大きく転換していった[12]。

また1960年代は、上述したような社会状況の変化に伴い、その呼称が「老人」から「高齢者」へと移行した時代でもあった。このように高齢者像が〈弱者〉へと移行する過程については、日高幸男[13]（1975年）、安川悦子[14]（2002年）、土井健司[15]（2002年）など多くの先行論ですでに指摘されている。それらの先行論では、1960年代中期から1970年代の移行期の資本主義経済システムのなかで、国家は「無能」で「効率の悪い」、「国家の厄介者」であるという高齢者に対する負のイメージを広く社会に伝播していったと指摘されている[16]。

　しかし、本研究がここまで論じてきたように、先行研究における〈1960年代後半に至って突然に国家および社会が高齢者を〈弱者〉の側へと追いやった〉という認識は、歴史に照らし合わせてみても妥当であるとは言い難い。むしろ、1960年代後半に至って、高齢者は戦前期に彼らに求められていた国家および社会における〈長老〉としての役割を完全に喪失した代わりに、福祉政策の対象者として積極的に〈弱者〉の役割を担うことを国家および社会が求めたと考えるべきだろう。

　したがって、行政は1950年代に苛烈を極めた家族制度復活をめぐる論争を終結させるためにも、高齢者の学習を全国的に組織する必要に迫られた。そのための具体的な方策こそが、1960年代後半以降、全国の市町村に設置された老人大学であったといえるだろう。

　高齢者に福祉政策を推進させる役割を積極的に担わせるために、老人大学では高齢者福祉の中心的課題である健康問題が学習内容として重視された。行政の立場からすると、高齢者自身が復古主義的な戦前の敬老思想を抱きつづけることは不都合なことであり、戦後の産業構造に合致した〈弱者〉としての高齢者認識を彼ら自身に自覚させるためにも、高齢者福祉に多額の財政資金が投入されたのである。しかし、国家および社会が高齢者を半ば強制的に〈弱者〉としてラベリングしたことは、高齢者のアイデンティティを奪うことにもなり、結果として高齢者自身に過剰な〈弱者〉意識を植え付けるこ

とにもつながったといえるだろう。

第2節　橘覚勝の老人憲章〈私案〉

(1)　橘覚勝の高齢者論

　本節では、1960年代の高齢者教育の全体像を明らかにするために、この時代において高齢者の学習権を提唱した橘覚勝の研究を分析する。特に、橘が高齢者の学習権として示した老人憲章〈私案〉に着目する。橘の先駆的研究を明らかにすることで、日本における高齢者教育が1960年代においてどのように形成されるかをここでは見ていく。橘の高齢者像および高齢者教育論に迫ることは、今日の日本の高齢者教育研究の理解のためには不可欠の検討課題である。

　以上を明らかにするために以下の手順で論じる。はじめに、橘によって提唱された老人憲章の分析を通じ、高齢者の権利保障をどのように構想していたのかを考察する。つぎに、社会教育学研究における橘の高齢者教育概念を示す。その上で、彼の唱えた老年学と老人憲章の意味を明確にしていきたい。

　橘がはじめて「高齢者教育」（老人教育を含む）を論じたのは1962年のことであった。彼はまず、この年の6月「老人の社会的機能と老人教育[17]」を、つづいて10月「老人教育[18]」を、さらに11月には「老年教育に就ての一私見」を発表している。その意味で、彼の最も早い高齢者教育論は「老人の社会的機能と老人教育」であったが、本研究ではそれの加筆修正版であると見なされる「老人教育」を中心に検証を進めていきたい。

　橘は「老人教育」で冒頭、「成人教育は老人教育にまで波及せねばならないわけであり、裏返せば老人教育はある意味で成人教育にまで遡及すべき[19]」であると述べている。これは高齢者教育が独立した教育ではなく、成人教育と連続・共有する部分が多いものであることを示している。そして、

老人教育を、①老人のための教育（education for older people）、②老年または老化についての教育（education about aging）、③老人による教育（education by older people）の3つに分類している。

　この論は、もともと、1961年にアメリカのホワイトハウスで開催された高年市民に関する全米会議の一分科会で「高齢者に対する教育」についての討論の中で提出されたものを参考にしている[20]。橘は、高齢者にまつわる前置詞である"about"と"for"と"by"に着目し以下のように説明をしている。①としをとるということについての知識を一般市民にあたえる（education about aging）、②現在の高年市民のために如何なることを教育すべきか、高年者が現実ゆたかな生活をするために、どういうことを学習すべきか（education for older people）、③高齢市民は児童、青年をふくむ後進に対して、如何なる教育的サービスをなすべきか（education by older people）と訳した。

　まず、「老人のための教育」については、「としをとっても心身ともに健康で不満ない、そしていつまでも明朗な生活をつづけさせるよう、生活活動や仕事に対する知識理解、熟練をあたえ、さらに教育をとおして老人のむかしとったキネヅカをよびさますとともに、新しい知識や技術を習得させて、持ちまえの自由時間を有効にするようにしむけること[21]」であると述べている。この内容で重要なのは、高齢者の「余暇」としての時間をどのように有効利用するのかについて、生活を見直すことの重要性と、これまでの高齢者が身に着けてきた経験を再認識し、有効に活用する必要性を述べている。

　つぎに、「老年または老化についての教育」について「成人教育として、ようやく向老課程をむかえる人々に対してあたえねばならぬ重要なカリキュラムである。（中略）かれらをいわゆる成人病からまもって萎縮早老を防止し、老来ますます健康にして不満のないように、身体的にも、精神的にも、社会的にも、また経済的にも、その保障を身をもってみずから準備させることがなによりの使命であろう[22]」と述べている。橘はここで、高齢者が健康な生活を送るために必要となる学習を進めること、そして、豊かな老後を迎

えるための生活設計に関わる学習の必要性について論じているのである。

さらに、「老人による教育」については、橘は次のように述べている。

> 老人の側からすれば、社会奉仕ということになるであろうが、時と場合によってその効果の厚薄があることを知らねばならぬ。とかく老人は"まだおれは社会的に役に立つ"という自信と承認をえることに誇りと喜びを感ずるとともに、そういう自覚と実践は老化防止にも役立つにちがいないが、ともすれば若いものの場ふさぎと感じられる場合が多い。(中略)まず嫁と姑との相剋からはじまる人間関係のひずみの調節が先決問題であろうし、またここに老人のための教育が先発すべきゆえんがある[23]。

上記において橘は、高齢者の社会貢献として、ボランティアなどの社会参加活動の必要を説いていた。

以上3つの引用からも窺えるように、橘にとっての高齢者教育とは、個人が高齢期に必要とされる学習を行うことと、そのための環境整備を行うことであったと結論できる。ここでの学習の内実は、①高齢者の生活が潤うために必要とされる教養を身に付けること、②健康増進を目的とした学習を行うこと、③社会参加を目的とした社会貢献活動を行うことの3点にまとめることができる。

橘の高齢者教育論について注目すべき点は、学習内容が、高齢者福祉の領域である点である。橘は高齢者教育を「老人福祉の一環として考えるべきことかもしれない。しかし、せっかく老人に幸福をあたえる教育が、老人福祉という名によって、老人に憩いとなぐさめをあたえるだけで十分なのだと老人自身は考えがちであるが、これは大いに勘違いであろう[24]」と述べている。これは、小林の考える高齢者教育論や、先述した小川利夫の述べる教育福祉論[25]とは異なり、高齢者福祉を拡充するための学習活動を念頭に置いていると理解することができる。1960年代は2つの時代をまたぐ移行期であるために、2つの高齢者をめぐる社会状況を捉えて橘は論じていた。

さらに、橘はこの高齢者教育論をもとに、「老人憲章」を提唱した。この老人憲章構想は、1962年6月に発表された「老人の社会的機能と老人教育」のなかで述べられていた。この橘案〈老人憲章〉は、1961年にワシントンで開かれた老年白亜館会議の宣言である老人憲章[26]に基づいている。以下は、基になった老人憲章の内容である（表1、表2参照）。

表1：老人の人権[27]

1．世のため人のため役だつ。
2．能力に応じた仕事を取得する。
3．老年に困窮しない。
4．医療、教育、慰安に関する地域社会の諸資源の公平は分け前をうける。
5．老年のニードを充足するようたてられた住宅を確保する。
6．家族の利害とよく合致した場合は、家族から道義的・経済的な援助をうける。
7．独立した生活をいとなむ（本人がそれを選択した場合）。
8．生きるにも死ぬときにも、人間の尊厳性をうしなわないようにする。
9．人生の晩年をいかにすればよりよくすることができるかについての方法手段についての知識をまなぶ。

表2：老人の義務[28]

1．すべての老人は健康と事情のゆるすかぎり独立自存し、できるだけ有能にそして機敏に役だつような活動がつづけられるような心構えと決意とをもって自らを準備し、老年退職の場合の生活設計をあらかじめつくっておく。
2．心身の健康をたもつための基本原則をまなび、それを応用し活用する。
3．退職後の晩年においては、自己の潜在能力に応じた奉仕の仕事をもとめ、その活動を発展させる。
4．老人は自分のもつ経験と知識の恩恵をいかにして役だたせる。
5．人生の晩年においてもたらされるであろう数々の変化に適応するよう努力する。
6．家族、近隣、友人から尊敬せられ、価値ある相談相手として尊ばれるような人間関係をもちつづけるよう努力する。

第3章 1960年代の高齢者対策と老人大学の整備　103

　この宣言に基づき、橘は同年11月、「老年教育に就ての一私見」を発表した。それが、老人憲章〈私案〉であった（表3参照）。

表3：老人憲章〈私案〉[29]

1．すべての老人は、その生活を保障される。
2．すべての老人は、その必要をみたすにたる衣食住の諸資源があたえられ、病災と困窮からまもられる。
3．すべての老人は、家庭で明るい環境のもとに生活することができ、家庭にめぐまれない老人はこれにかわる環境があたえられて孤独からまもられる。
4．すべての老人は、その求めるところにより、新しい知識を摂取し、仕事を獲得しレクリエーションを享受し、社会文化の恩恵に浴することができる。
5．すべての老人は、心身の健康を保ち自己の生活設計をたてる原則を学び、事情の許すかぎり独立自存し、自分の能力に応じた奉仕活動をするようにつとめる。
6．すべての老人は、敬愛せられるような寛容な態度をもち、家族、隣人、友人との融和をはかる。
7．すべての老人は、過去の経験と知識とをすすんで社会のために役立たせる。
8．何人も、老人を理解するとともに、老後における種々の変化に対応できるよう平素からそなえる。

　1960年代後半から開始される老人大学政策の基本的理念について言及した橘の老人憲章〈私案〉において核となるのは、高齢者の生活保障を担保することである。そのうえで、高齢者の学習を保障する。特に、高齢者の健康学習と社会貢献活動を促進することを目指している。さらに、高齢者は家族や地域と融和な関係をはかり、次世代に対して自身の経験と知識を活用し、役立させることを目指している。1950年代の高齢者の学習は生存権保障の権利を獲得するための運動が中心であったが、1960年代になると環境整備を行うだけの経済的支援があったため、高齢者の学習内容をクローズアップできるだけの社会的状況が整いつつあった。橘の老人憲章〈私案〉の最後の項目には、福祉を享受するための準備が必要であると述べられている。この提言に

よって、高齢者が家族のなかで役割を無くす代わりに、他の役割として福祉（＝健康学習）を学ぶことで、彼らを〈弱者〉と見なす政策を行いやすくすることができたのである。

(2) 橘覚勝の高齢者教育論

　橘覚勝が老年学を体系的にまとめようとした契機は何だったのだろうか。本論は、その契機として、文部省（現文部科学省）が高齢者を対象に、急速な社会の進展に適応するために必要な教養・生活技術を習得することを目的として、1965年から1970年にかけて行った高齢者学級開設委嘱が影響していたと考える[30]。

　当時の状況に対し橘は、①平均寿命の伸長と人口構成の老齢化、②産業の近代化（工業化、高学歴化）にともなう高年層の就業困難と定年退職問題、③戦後の家族制度の変革、都市化、情報化の急激な増大、経済の高度成長とインフレ化さらに住宅の高層化にともなう血縁、地縁の人間関係の困難、④健康の管理、生活の保障ならびに教育開発による老人の生き甲斐の追求、の4つの問題を挙げている[31]。これらの問題は、今日の高齢者の諸問題にも通じるものである。

　このような状況を経て1971年、橘による最初の高齢者に関する体系的研究書『老年学』が刊行された。本書は橘の高齢者教育研究の集大成と見なすことができ、戦前の浴風会での研究を基盤としつつ、ほとんどの既発表論文を収めた大作であったと同時に、老年学における〈基本書〉ともなり得ていた。

　ただしこの時期、橘は高齢者教育について明確に論じているわけではない。高齢者教育の論文は先述の2編のみであり、論証よりも提言に重点が置かれているという特徴がある。その中で強調された、高齢者教育の3類型である、①老人のための教育（education for older people）、②老年または老化についての教育（education about aging）、③老人による教育（education by older people）は[32]、橘の思想形成に大きく影響していると考えられ、橘は、この3つの視

点から探究することで自身の理論の統合を図ろうとしていたといえる。

これに対して、1975年刊行の『老いの探求』は、『老年学』を振り返った回顧的な著作である。1971年に出された『老年学』が研究書だとすると、本書は一般書としての性格が強い。にもかかわらず注目すべきは、高齢者教育について項を設けて論じていることである。橘の高齢者教育に関する言説を以下に示す。

> 高齢者の教育目的は高齢者の今日までの知識や技能を温存し、その生活教養を開発させ、利用するということは、高齢者福祉に携わる人々だけでなく、地域住民の関心につながる。そうすることによって、自己の人生を豊かにするだけではなく、世代間交流にも大きく貢献するものである[33]

> 『年をとる』という現象とその本質に関する教育は、すべての地域住民にとって、その個人的な生活や家族の生活に対して大いに貢献すると同時に、地域の住民活動そのものに対しても寄与する[34]

上記は、橘が初めて〈高齢者教育学〉を意識して論じた記述である。橘は、高齢者の教育目的が、社会、地域あるいは家族に貢献することであるとしている。その結果として、橘は「老人自身においても、その生活をゆたかにし、地域社会での要求や役割を正当に身につけるための教育乃至は学習活動をもとめるであろうし、さらに老年層に対してあたらしい生命価値をあたえることができる」と考えたのである[35]。

したがって、橘の考えた高齢者教育の内実とは、先に確認した以下の3つであった[36]。すなわち、①としをとるということについての知識を一般市民にあたえる、②現在の高年市民のために如何なることを教育すべきか、高年者が現実にゆたかな生活をするために、どういうことを学習すべきか、③高年市民は児童、青年をふくむ後進に対して、如何なる教育的サービスをなすべきか、である。

さらに死生観の学習についても、その論を拡大している。橘は、日本の高齢者について「東洋的風土、日本的ムードのなかに生きているということで

ある。それは端的にいえば生き甲斐は裏をかえせば死に甲斐だという観想に生きていることである[37]」ということを念頭に置いていた。彼は、「老化をできるだけ防止し老人をその不健康から、その貧困から、そして孤独感から解放し、それに由来する老人特有の心理を克服しなければならない」と述べた。そして、「老をこえて死と対面するにあたって、この事態をいかに処理するかということを、われわれの精神的風土から考察せねばならない」と日本的特質を指摘し、宗教的態度と情操の涵養が教育の最終目標になると述べている[38]。

さらに橘は、老年学という学問領域のみならず、社会教育学の分野でも提言するようになった。社会教育関連雑誌ではじめて高齢者教育の特集が組まれたのは1975年6月号の『社会教育』であり、このときの特集は「高齢者教室」であった。橘は巻頭の「今月のことば」に「高齢者教育について思う[39]」を掲載している。その内容は『老年学』と『老いの探求』で述べられている橘の高齢者教育観とも一致している。

本論で橘は以下のように述べていた。

> 近来老人福祉の新しい傾向が、老人自身のソーシャルアクションにまで高められるようになりつつあることを考えるならば、この老人教育も彼らの生きがい追求の福祉活動の一環として、きわめて重要な課題でなければならぬ。この際、もちろん老化についての教育とともに、老人のための教育、さらには老人による教育という三位一体について大いに考えねばならないのであって、成人に対しては老化についての知識を啓発し、高年者に対しては自己開発の機会をあたえ、さらに自分自身のソーシャルアクションによるボランティア意識と活動を振興することが必要でなければならない[40]。

上記からも確認できるように、これは1970年代以降の橘の高齢者教育観であり、高齢者の学習権論を謳いつつも高齢者教育は福祉活動の一環であることが強調されている。

また、1971年の社会教育審議会答申「急激な社会構造の変化に対処する社

会教育」において打ち出された「生涯教育」との関連で、高齢者教育学を発展的に論じている。橘は「都市化、機械化による人間疎外、そこから由来する価値観の混迷や自我の喪失から青少年や成人をすくい、その孤独感から解放し、地域生活における老人の自発的アクションをとおして、地域住民とのパイプ役をはたすことによって、生きがいをもたせるよう老人を教育する必要を強調したのであった」と述べている。ここからは、橘が当時強調されるようになった生涯教育論において老年期の位置づけを強く意識していたことがわかる。ここでは、高齢者の自発的活動と地域との関係性が明確に論じられているからである。そして、高齢者教育における学習目標として「生きがい」についても掲げたのであった。

　さらに、1978年9月号の『社会教育』では、「今月のことば」欄に「生涯教育ということ」を発表し、高齢者教育について論じている。橘は「『教養を高める』ことは、反面精神的老化防止につながるとともに、とくに高年者においては、『老後の生活を豊かにしたい』、『生き甲斐をみいだしたい』、『科学技術の発達、社会構造の複雑化など社会変動に対応したい』との情動的陶冶に、現在ではつよくつながると考えてよい」と述べている。そして、ここで、改めて「教養」の重要性について考えることを提唱している。高齢者の学習において橘の考える、①老後の生活を豊かにしたい、②生き甲斐をみいだしたい、③科学技術の発達、社会構造の複雑化など社会変動に対応したいという3つの欲求は、橘の長年の老年学研究における経験から獲得されたものであるといえる。橘は、このような向上心を高齢者がどのように昇華させるのかを、自らに終始問い続けていたのではないかと思われる[41]。この論文を最後として逝去した橘の高齢者研究は、心理学に始まり、最終的に社会教育学に移行していった。

　以上、橘覚勝の高齢者教育論について検証してきた。日本の高齢者教育学の形成において重要な役割を担った橘は、社会における生活保障を主体的に獲得し、自立する高齢者像の構築を模索していた。橘の提唱した高齢者教育

とは、社会福祉としての健康学習と、生きがい獲得のための社会参加を目的とした学習であった。橘は高齢者の人権を日本においてどのように広めていくか、日本的慣習に留意しつつ提唱していったといえる。

第3節　老人大学設置の萌芽 —高齢者の学習の組織化—

文部省が1965年から全国の市町村で展開しようとした高齢者学級開設委嘱を契機として、1960年代後半には高齢者の学習環境が整備されていった。この政策は、高齢者が急速な社会の進展に適応するために必要な教養・生活技術を習得することを目的としていた[42]。

高齢者教育史の視点からこの時代の位置づけを検討した堀薫夫は『老人大学の課題と展望』のなかで老人大学を4つに類型化し、高齢者の学習の実態を探る研究を行った。高齢者教育研究において老人大学を類型化し、老人大学の構造を明らかにする試みを初めて行ったのが、この堀の研究であった（図1参照）。

堀は、1960年代後半からの老人大学の勃興と当時の高齢者教育行政の関連構造について系統立てて論じている。また、上記の分類方法はその過程における一つの試みであるが、ここでの福祉と教育についての大まかな区別は、1960年代後半から1970年代にかけての高齢者政策の状況と、この時期から分化した教育と福祉の行政が連携をせずに高齢者政策を行っていた

対象となる地域 行政との関係	広域型	地域密着型
福祉行政系	福祉行政系広域型老人大学 （大阪府老人大学など）	福祉行政系地域密着型老人大学 （世田谷区老人大学など）
教育行政系	教育行政系広域型老人大学 （いなみ野学園など）	教育行政系地域密着型老人大学 （鯖江市高年大学など）

図1：堀薫夫による老人大学の類型[43]

問題を解消することを目的とした堀の分類である。したがって、老人大学の運営母体を念頭に置いた行政機構上の分類に必ずしも対応しているわけではない。

さらに、当時は高齢者教育の変遷に関する検証の対象として、行政が行っていない民間の学習組織が組み込まれていなかった。したがって、楽生学園の実践は社会教育実践として位置づけられてはいたものの、老人大学の実践とは見なされていなかった。堀の分類は、こうした当時の研究の状況が反映されたものとなっている。

このような堀の研究における重要なポイントは大きく3つある。第1に「もともと老人大学は（中略）小さな地域の高齢者たちの生活と密接に結びついていたもの」であると分析したこと、第2に「今日興隆してきている老人大学は、文部省の長寿学園であれ、明るい長寿社会推進機構の運営している老人大学であれ、都道府県レベルの広域的老人大学」であると論じたこと、そして第3に「近所の高齢者たちが、顔をつきあわせて自分たちの地域の問題を学ぶ場としての老人大学の機能」が「弱まっている」ことを明らかにしたことである[44]。

すなわち堀は、1970年代以前の高齢者の学習は敬老組、老人組のような地縁的共同体を中心に形成されてきたが、1980年代以降になると、共同体の崩壊とともに高齢者の学習形態が変化し、広域的老人大学が全国に展開したことを明らかにしたのである。

上述のような堀の指摘から分かるように、高度経済成長期以降、各地の行政機関に老人大学が設置され、特に社会福祉行政の範疇において高齢者の学習が展開された。それは、高齢者の福祉の増進を目的として運営されることが多かった[45]。この堀の老人大学類型は、その後の老人大学を検証する上での基礎研究として位置づけられるようになった。

以上、1960年代の前半から後半にかけての変容について、1965年以降展開する老人大学政策に着目して述べてきた。この時代の高齢者の多くは、自身

の地位の回復を目的として戦前の家族制度を復活させることを目指していた[46]。しかし、高度経済成長期の経済政策では若者の労働環境に目が向けられていたため、生産力を高めるために高齢者の政策は後回しとなった。そのような社会状況のなかで高齢者の役割が喪失したと考えられる。

　この時期の社会教育研究が地域福祉の担い手となる住民主体形成に果たす役割について重点的に言及していたように、高齢者に対する福祉施策は教養を中心とした学習が行われ＝「施されて」いたといえる。その理由は、高齢者の役割が喪失した代わりに、国の高齢者福祉政策に積極的に参加する役割を高齢者に担わせる必要があったからである。したがって、行政として家族制度論争を終結させるために高齢者の学習を全国的に組織させ、老人大学政策を全国の市町村に展開させた。その理由から、高齢者の学習内容は福祉的側面が強調された健康問題が中心となっていた。

　1970年代の高齢者の学習環境は、1960年代の高齢者政策をもとにして進められていった。次章では1960年代後半から展開した初期の老人大学で、その後の老人大学のモデルケースとなった実践を中心に分析を行う。特に、これまでの堀の研究でなされてきた分析に再検討を迫り、それぞれの老人大学の特徴を明らかにしていきたい。

注
1) 三浦嘉久『高齢者の生涯学習と高齢者文化の興隆』鹿屋体育大学、1997年。
2) 堀薫夫「「高齢社会と社会教育の課題」に関する文献」（日本社会教育学会編『現代社会教育の創造』東洋館出版社、1988年）。
3) 吉本隆明『老いの流儀』NHK出版、2002年、p.12。
4) 安川悦子「現代エイジング研究の課題と展望」（安川悦子・竹島伸生編『「高齢者神話」の打破』御茶の水書房、2002年、p.45）。
5) 那須宗一『老人世代論』前掲、p.127。
6) 鎌田とし子「老人問題と老人福祉」（湯沢雍彦他編『社会学セミナー3――家族・福祉・教育』有斐閣、1974年、p.189）。

7) 塚本哲人「家族の生活」(福武直編『日本の社会』毎日新聞社、1957年、pp.84-85)。
8) 河畠修『高齢者の現代史』明石書店、2001年、p.39。那須宗一『老人世代論』芦書房、1962年、p.169。
9) 野口実「日本史に見る老人像」(渋谷淑子編『老いと家族』ミネルヴァ書房、2000年、p.46)。
10) 那須宗一「現代社会と老人の家族変動」(那須宗一　増田光吉編『老人と家族の社会学』垣内出版、1974年、p.4)。
11) 同前、pp.127-128。
12) 樋口恵子「老人の生きがい」(日高幸男・岡本包治・松本信夫編『老人と学習』日常出版、pp.134-135)。副田あけみ「高齢者の思想」(小笠原祐次・橋本泰子・浅野仁編『高齢者福祉』1997、有斐閣、p.61)。
13) 日高幸男「生涯教育と老人」(日高幸男・岡本包治・松本信夫編『老人と学習』前掲)。
14) 安川悦子「現代エイジング研究の課題と展望」前掲、p.15。
15) 土井健司「共在的主体性の回復にむけて」(『現代思想』2002年6月号、第30巻第7号、青土社、p.222)。
16) 安川悦子「現代エイジング研究の課題と展望」前掲、p.15。
17) 橘覚勝「老人の社会的機能と老人教育」(『教育と医学』第10巻第6号、教育と医学の会、1962年6月)。
18) 橘覚勝「老人教育」(『教育心理』第10号、教育心理研究会、1962年10月)。
19) 橘覚勝「老人教育」前掲、p.884。
20) 橘覚勝『老いの探求』誠信書房、1975年、pp.155-156。
21) 橘覚勝「老人教育」前掲、p.884。
22) 同前、pp.884-885。
23) 同前、p.885。
24) 同前。
25) 小川利夫「社会教育と社会教育の間」小川利夫・大橋謙策編『社会教育の福祉教育実践』光生館、1987年、p.3。
26) White House Conference on Aging in Washington, DC. (1961)
橘覚勝「老人の社会的機能と老人教育」(『教育と医学』第10巻第6号、前掲、p.28)。
27) 同前。

28) 同前。
29) 橘覚勝「老年教育に就ての一私見」(『第4回日本老年社会科学総会報告』、1962年11月、p.54)。
30) 総務庁行政監察局編『高齢者対策の現状と課題』大蔵省印刷局、1986年参照。
31) 橘覚勝『老いの探求』前掲、p.166参照。
32) 橘覚勝『老年学』誠信書房、1971年、p.206。
33) 橘覚勝『老いの探求』前掲、pp.150-151。
34) 同前、p.151。
35) 同前、p.152。
36) 同前、p.156。
37) 同前、pp.154-155。本文章で「観想」という言葉を橘が使用した仏教用語を用いたのには、橘が僧侶であったこともあり、〈老い〉について独自の宗教観を持っていた。そのことを理解できる文章が、以下に続いている。「あくまで現実にゆたかな老後を追求するような老人を教育し、老人自身としては学習すべきなのであろうが、こういう観点から老人における教育課題をつくづく考えると、老人教育の究極の課題は、すでにのべたように老ととなり合せの死という不可避の現実をいかに理解し会得するかという問題につきあたり、老人の宗教々育という課題が、ほのかに浮かんでくるのである。」
38) 同前、pp.156-157。ここでは、橘の考える「日本的特質」については言及しないが、海外、特にこれまでのアメリカの高齢者研究とは異なる日本的高齢者とは何かについて注目していたことがわかる。なお、橘は、高齢者教育の最終的課題として、高齢者の宗教教育についても言及している。橘は、「すでにのべたように老人ととなり合わせの死という不可避の現実をいかに理解し会得するかという問題につきあたり、老人の宗教々育という課題が、ほのかに浮かんでくるのである（同前、p.155）」と述べ、日本特有の高齢者教育論として、宗教教育観を内在化させることを今後の課題としたが、明らかにはされなかった。
39) 橘覚勝「高齢者教育について思う」(『社会教育』1975年6月号、全日本社会教育連合会、p.3)。
40) 同前。
41) 橘覚勝「生涯教育ということ」(『社会教育』1978年9月号、全日本社会教育連合会、p.3)。
42) 総務庁行政監察局編『高齢者対策の現状と課題』大蔵省印刷局、1986年。
43) 堀薫夫「老人大学の課題と展望」(大阪教育大学生涯教育計画論研究室『都市型

老人大学受講者の実態と意識に関する調査研究』1999年、p.63)。
44) 同前、p.62。
45) 堀の老人大学類型の特徴は、いなみ野学園を〈教育行政系広域型〉に分類している点にある。いなみ野学園は、当初、教育行政が管轄しており、同園の学習目的の作成の際にも生涯教育、特に、ポール・ラングランの生涯教育論を学び、高齢者の学習の組織化を行っていたため、堀は教育行政施設としていなみ野学園を位置づけたと考えられる。しかし、実際にはすぐに民生部である福祉行政の所管となった。それは、いなみ野学園の高齢者のリーダーシップ養成の学習の目的が、教育というよりも、地域福祉の拡充に重点が置かれたためである。したがって、いなみ野学園の目的は、広く高齢者の福祉環境を整備することにあったと考えるべきであり、高齢者が主体的に権利獲得の学習を行っているとは言えず、高齢者教育を行う学習組織であるとは言い難い。
46) 樋口恵子「老人の生きがい」(日高幸男・岡本包治・松本信夫編『老人と学習』日常出版、pp.134-135)。副田あけみ「高齢者の思想」(小笠原祐次・橋本泰子・浅野仁『高齢者福祉』1997年、有斐閣、p.61)。

第4章　1970年代の老人大学の展開

　本章は、1970年代の高齢者の学習環境が整備されていく時期において、具体的にどのような老人大学が作られていったのかを明らかにすることを目的とする。その手順であるが、まずは、社会的背景としての文部省の高齢者政策を確認しながら、当時の高齢者教育論の趣旨を検討していく。

　つづいて、高齢者の学習環境の整備とも密接にかかわり浮上してきた「教育行政と福祉行政の谷間」の問題について、これまでどのような議論が行なわれてきたのかを先行論から確認するとともに、一部に修正を迫り、最終的には1970年代の高齢者教育を再定義して、同時期に創設された老人大学の分類を新たに行うこととする。

　そのような再定義が必要となる理由は、社会政策に対応して高齢者の役割が変容し、それに伴い社会に求められる高齢者像もまた変化を余儀なくされるが、そもそも〈教育と福祉〉という枠組み自体が、どちらも高齢者政策の要素として不可分の関係にあると考えるからである。

　なお、上述の分析を行うために、本研究では以下の点に重点を置く。分類を行うために、あらためて先駆的老人大学の事例の概要を示す。特に、それぞれの老人大学の学習目的と学習内容に着目し精査する。そのうえで、それぞれの老人大学の学習の意図と同時代の社会政策との関連から分析することで、新たに老人大学の特徴について再定義を行う。

　分析対象とした先駆的老人大学は以下の3校である。①兵庫県いなみ野学園（1969年～）、②中野区ことぶき大学（1973年～）、③世田谷区老人大学（1977年～）[1]。本研究が上記の3校を代表例として取り上げるのは、以下の2つの理由による。第一に、3校すべてが1970年代前後、老人大学政策が打ち出されて間もなく開校されていること、第二に、その後の老人大学のモデ

ルケースとなった学校型カリキュラムの学習形態をとっているためである。

以上の問題に加えて、高齢者教育の通史を補強する目的から、1970年代以降の高齢者の社会政策と学習環境の変容についても触れることとする。

第1節　1970年代の高齢者の学習を取り巻く状況

1970年代は、それ以前の急激な経済成長が一旦終息に向かった一方で、深刻化する高齢化社会に対応した高齢者政策が求められた時代であった。1970年代初頭のオイルショックの影響で、1973年、石油緊急対策要綱が閣議決定され総需要抑制策が進められた結果、日本の消費は低迷し、大型公共事業が凍結・縮小され、高度経済成長は終焉した。にもかかわらず、予想を上回る勢いで高齢化社会に突入したために、国は財政を逼迫するような大規模の福祉政策を維持できなくなる事態に直面した。

また、1970年代を特徴づける高齢者の呼称として「シルバー」と「熟年」という用語が使用されはじめた。たとえば1973年、旧日本国有鉄道（国鉄）が「シルバーシート[2]」という名称を用いたことから「シルバー」という用語が広く社会に普及した。また、1970年代後半には「熟年」という用語が電通を発信源として広くマスコミで使用されるようになった[3]。この「熟年」という語は、本来は50歳代以上の中高年層を意味した言葉であるが、元気で活躍する高齢者のイメージとして社会に流通していった。

こうした社会的背景を持った1970年代の高齢者像は、1960年代から引き継がれた福祉施策の拡充のもと、中高年層までを含めた活力のある人材を想定していた。それは、日本社会の経済成長を背景とした生産力の高い人材を養成することが求められたからである。

その一方で、1970年代は「婦人」という語が「女性」という語へと移行していったように、人物を示す言葉のなかで〈差別的用語〉とみなされた言葉を再定義し、語の変更がなされた時期であった。そうしたなか、「老人」と

いう語もまた、一種の〈差別的用語〉として忌避されるようになり、それに代わって「高齢者」という語が広く社会で用いられるようになった。「老人」が忌避されるようになった理由は、多くの者にとって「老」という語がネガティヴに受け止められるようになったためであったが、しかしそうした負のイメージの普及によって、それまでにあった儒教思想における「老」＝〈経験のある敬うべき人〉という正のイメージが急速に駆逐されていき[4]、結果として「高齢者」という曖昧な語へと移行したのであった。

　こうした社会状況を背景として、高齢者の学習の環境整備を目的とした老人大学が、1965年を出発点として1970年代以降、日本各地で設立されはじめた。老人大学創設の契機は、1965年から1970年にかけて、文部省によって出された高齢者学級開設委嘱であったが、その背景には急速な社会発展に適応するために高齢者が必要な教養・生活技術を習得させようとするねらいがあった。

　1971年には、文部省の社会教育審議会答申として「急激な社会構造の変化に対処する社会教育のあり方について」が打ち出された。このときの答申の「社会教育の課題」のなかで、初めて「高齢者教育」の議題が俎上に上るとともに、当時の理想的高齢者像も示された。また具体的に、①健康問題、②学習機会、③生活保障、④生きがい獲得、⑤職業機会、⑥余暇活動、⑦世代間交流・次世代育成、⑧ボランティア活動といった論点からの学習課題が提示された。とは言え、実際にはそのほとんどがスローガンの域にとどまり、提示された学習目的および課題も、多くの要素を取り入れようとするために内容が散漫になるか、概論的内容にとどまるかのどちらかであった。

　他方、社会教育の領域で高齢者の学習の問題が初めて論じられたのは、『月刊社会教育』（1971年9月号）において、「高齢者をめぐる諸問題」という特集が組まれたことによる[5]。特に注目すべきは、副田義也が「老年期の教育[6]」というタイトルで論述していることである。堀は、教育と福祉の統合を図った副田の先行研究を引用し、副田の高齢者教育論の分析を行っている。

その結果、副田の論は学習内容、方法論から展開するにとどまり、高齢者の教育権あるいは学習権の必要性は示されないという限界を抱えるものであったと分析している[7]。同年には、老年学として初の体系書である橘覚勝著『老年学』が出版されており、高齢者の教育の必要性に関して示唆に富む内容ではあったものの、詳しい内実については今後の課題であるとされた。

他方、橘が同年に『老年学』を刊行し高齢者教育について言及しているにもかかわらず、これについて副田は看過している。このように、これまでの先行論では1970年代の高齢者教育について表層的に論じられたに過ぎなかったといえるだろう。

さらに、この時代の老人大学の多くは、高齢者の福祉増進を目的として運営されることが多かった[8]。その理由は、老人大学の管轄の多くが福祉行政の部局にあったことも関係している[9]。当時は、教育の主体としての自立した高齢者像を想定することが困難であった。そうした1970年代の教育行政と福祉行政の谷間の問題を象徴的に捉えた論としては、小川利夫の教育福祉論を挙げることができる[10]。

小川の教育福祉論は大きく分けて３つの特徴がある。それは、①福祉教育の名のもとに、戦前の修身教育に傾斜しないように注意を払うこと、②福祉や医療だけでなく、教育や労働の分野にわたって総合的に組織化して教育を行うこと、③地域社会の諸課題の解決のために地域住民の学習計画を具体的に進めること、である[11]。しかし、小川の教育福祉論は、高齢者の諸課題を福祉行政と絡めて行政政策全体の問題として焦点化した点において評価できるが、実際には具体的な政策をほとんど明示しておらず、1950年代の高齢者教育論の特徴である戦前の敬老思想からの高齢者の解放の域を出ていない。

以上のように、老人大学創設期の高齢者の学習には社会福祉的色彩が濃く、1950年代に顕著に見られた高齢者が「主体的」に学習すること自体は、あまり念頭に置かれていなかったといえる。1970年代は、経済成長の停滞と高齢化社会への突入という社会的不安から、高齢者への学習環境の整備がなされ

ていった時代である。そして、1970年代の高齢者への学習政策は、高齢者が家族に依存しないよう、社会福祉を理解させ、〈自律〉させるための学習であったといえるだろう。

第2節　高齢者政策における教育行政と福祉行政の谷間の問題

　1970年代以降の高齢者教育研究では、〈教育と福祉の行政所管が二つに跨るため、高齢者政策の環境整備が遅々として進まない〉といった問題が頻繁に提起された。この問題は、高齢者政策の「教育行政と福祉行政の谷間」の問題と呼ばれている。

　「教育行政と福祉行政の谷間」の問題の端緒となった先行研究は、小川利夫（1987年）と大橋謙策（1988年）による教育福祉論であった。その後、三浦文夫（1996年）によって、「教育行政と福祉行政の谷間」の問題の嚆矢が1950年代の小林の学習実践であったことが指摘されたが、三浦の論では小林の実践に対する具体的な分析を行うまでには至らず[12]、これについては本論第2章で初めて詳細な分析を行ったといえるだろう。

　ここでは、「教育行政と福祉行政の谷間」の問題でどのような議論がなされてきたのかについて、以下に概説したい。

　そもそも教育と福祉の関係性は、長期にわたって不明瞭なままに店晒しにされてきた。教育と福祉の関係性の論争の経緯を辿れば、たとえば、社会福祉協議会が設置された1951年ごろには、公民館の目的と社会福祉協議会の設立の背景をめぐる論議が起こっており、さらには1967年、全国公民館連合会が旧社会教育法第20条の公民館の目的における「社会福祉増進に寄与する」の条文の削除を求める『公民館のあるべき姿と今日的指標』の提言がなされ、教育と福祉を明確に区分しようとした経緯がある[13]。

　これまでの「教育行政と福祉行政の谷間」の問題の論争の焦点について、大橋は以下の3点に大別した。それは、

①社会教育を積極的救済と捉え、社会事業を消極的救済と捉える考え方
　②隣保館で社会福祉と社会教育とを有機化して実践する考え方
　③救済事業における社会教育と社会事業との密接不可分とする考え方

の3点である[14]。

　その後、1970年代ごろから巻き起こった高齢者政策における教育と福祉の問題について大橋は以下のように言及している。

　　高齢者の社会教育が、社会福祉行政と社会教育行政の"谷間"の問題となり、両方の行政範疇、行政対象から欠落した[15]。

　大橋の指摘にもあるように、高齢者の学習環境はこれまで教育と福祉が交わることなく個々に展開されたことの弊害から、規模的な拡大は遂げたものの、学習の質の点では内容的に深まったとは言い難い状況にあった。

　高齢者の学習環境の整備は、教育委員会において行われただけでなく、社会福祉行政においても、もっと言えば高齢者にかかわるすべての機関で行われてきたと言えよう。たとえば、以下に論じていく東京都中野区の老人大学、「中野区ことぶき大学」（2011年度より、なかの生涯大学）の所管は教育委員会であったが（2011年度より健康福祉部学習スポーツ分野生涯学習支援担当が管轄）、他方、東京都世田谷区の老人大学、「世田谷区大学」（2007年度より世田谷区生涯大学）の所管は高齢者福祉部局であった（現在は世田谷区社会福祉協議会へ委嘱）。結論をいうと、この二つの老人大学の学習内容を仮に教育と福祉の二つの視点から詳細に比較検討したとしても、大きな違いは見当たらない。両老人大学の学習内容は、健康問題を中心として広く社会時事問題を取り上げたものであり、老人大学の学習内容としてはごく一般的なものである。

　高齢者教育研究においては、こうした1970年代以降の「教育行政と福祉行政の谷間」がもたらす〈学習環境の整備が計画的に進まない〉という弊害を長く看過してきた[16]。このような問題に対して先行論では、たとえば三浦が

縦割り行政の問題として捉えたり[17]、あるいは大橋が高齢者政策に関して社会福祉行政が他の行政所管との連携を拒んでいるとの指摘がなされたりしてきた[18]。さらに大橋は、高齢者政策における教育行政と福祉行政の谷間の問題の一つの解決策として、社会教育行政が中心となって高齢者の福祉問題を学習テーマとした教育実践を行うことを提起した[19]。しかし、こうした指摘は具体的な教育政策ではなく、それまでの高齢者の学習理論と変わるところがないため、問題の所在を明らかにしたとは言えないものであった。

第3節　1970年代の老人大学の特徴

　1970年前後の老人大学創設期の高齢者教育の中心的テーマは、高齢者の学習権の保障であった。高度経済成長期には、「ばらまき福祉」の社会政策方針が取られ、高齢者の生活スタイルが変容していった。同時に産業構造の変化によって余暇活動を積極的に行う機運が高まり、高齢者の余暇活動として福祉にかかわる活動が盛んになった。老人大学創設期の1965年以降に全国に展開していった老人大学の学習内容も福祉問題を中心に行われ、余暇活動の隆盛によって老人大学への参加者も増加した。

　堀薫夫が当時の老人大学における学習の実態を探る目的から老人大学を4つに分類したことは、すでに述べた通りである。しかし、この分類には問題点もあった。堀は1970年代の「教育行政と福祉行政の谷間」の問題を解消するために教育行政と福祉行政に分類したが、実際にはそれだけでは高齢者の学習の実態を把握したことにはならない。前述したように、高齢者の学習はそのときどきの社会政策と連動するかたちで学習目的や学習内容を変える傾向があるため、老人大学を再分類するための新たな定義が必要となってくる。

　このような問題意識から老人大学を分類するにあたり、まず、社会状況と高齢者の学習の関係性から以下の2つの論点に分類する必要がある。

①社会政策との関連でみること
②高齢者と地域社会との関連でみること

そのうえで、①と②をさらに以下のように2種類に分類した。

①：地域リーダー養成型
②：社会問題分析型
a：一般教養
b：専門的学習

これを図に示すと以下のようになる（図1参照）。

図に示すための分類の名称は、〈行政との関係〉と〈学習内容〉とした。この2つの軸をさらに2つずつ、〈地域リーダー養成型〉と〈社会問題分析型〉、〈一般教養系〉と〈専門的学習系〉とにそれぞれ分類した。

この図から、高齢者政策として高齢者にどのような対応をするかという問題と、高齢者自身が地域社会にどのようにかかわりたいのかという問題に対して、個々の老人大学がどのように対応しようとしているのかを明らかにできる。

さらには、この再定義により、高齢者政策を見据えた高齢者の学習の場として老人大学を位置づけることができるようになる。

行政との関係 学習内容	①地域リーダー養成型 （行政政策推進型）	②社会問題分析型 （行政問題究明型）
a：一般教養系	①—a 中野区ことぶき大学	②—a 楽生学園
b：専門的学習系	①—b 兵庫県いなみ野学園	②—b 世田谷区老人大学

図1：高齢者教育の観点から見る老人大学創設期の類型[20]

この分類方法にしたがって、以下、高齢者教育の先駆的事例と言われている3校の老人大学の実践例と、第2章で詳述した小林文成の楽生学園（1954年〜1981年）の実践例の再検証を行うこととする。

前述したように、分析対象とした先駆的老人大学は、①兵庫県いなみ野学園（1969年〜）、②中野区ことぶき大学（1973年〜）、③世田谷区老人大学（1977年〜）の3校である[21]。

分析については後述するが、①—aに中野区ことぶき大学、②—aに楽生学園、①—bに兵庫県いなみ野学園、②—bに世田谷区老人大学と分類した。

①—aの類型の老人大学は、行政政策の時代的動向を理解することを目標とし、高齢者が地域社会においてジェネラリストとして、様々な地域課題に対応できる知識を持ち、地域のリーダーとして活躍することが目指されていた。

①—bの類型の老人大学は、行政政策の時代的動向を理解することを目標とし、高齢者が専門的学習を行い、専門的力量を持った地域のリーダーとして地域で活躍することが目指されていた。

②—aの類型の老人大学は、その時代の社会政策の課題点を共同学習の手法を用いて学習し、様々な地域課題に対応して活動ができる高齢者を育てることを目標としていた。

②—bの類型の老人大学は、時代ごとの社会政策の課題点を共同学習の手法を用いて学習し、専門的力量を発揮し、様々な地域課題に対応して活動を行うことができる高齢者を育てることを目標としていた。

以下、この分類にしたがって3校の老人大学の再検討を行う。本分析に使用するのは、それぞれの老人大学の学習目的と学習内容の概要を紹介した先行研究（福智盛・1975年など／三浦文夫・1985年など）と、老人大学の資料（中野区ことぶき大学10年誌・1982年など／いなみ野学園20年誌・1989年など）である。

まずは関連する先行研究と各種資料に基づきその概要を要約したうえで、老人大学の性格を再定義してみたいと思う。

(1) 兵庫県いなみ野学園における学習実践

いなみ野学園は、1969年6月に兵庫県加古川市の県立農園短期大学跡地に設立された。初代学長の福智盛は老人大学創設期を語る上で欠くことのできない実践者であり、学園の設立にかかわった人物である[22]。福智はいなみ野学園での実践をもとに高齢者教育の理論研究を行い、いくつかの著作を残した。たとえば、1975年には『たのしい老人大学[23]』を、1981年には『熟年は燃える[24]』を著している。また、当時の学園の実践活動についての記録映像である16ミリフィルム『老後をかえる[25]』(1973年) が残されている。

いなみ野学園は、設立当初は教育委員会によって運営された1年制の老人大学であったが、1969年8月から通信教育部が設置された。さらに1971年からは、4年制の老人大学となった。そして1975年には知事部局である民生部へと移管され、1977年には財団法人となり、2年制の大学院が新たに設置されるとともに通信教育部が廃止された。そしてさらに高齢者放送大学が設置され、当学園は大規模な総合型老人大学へと発展した[26]。

このような沿革を持ついなみ野学園の学習目的は、以下の通りであった[27]。

> わが国の高齢者人口は、急激な増加をつづけ、高齢者の生活環境は変容する社会の中で、依然としてきびしいものがあり、高齢者問題の解決は緊急かつ重要な国民的課題となっている。
> 兵庫県は健やかで豊かな生きがいのある生涯教育の一環として、昭和四十四年六月高齢者のために「兵庫県いなみ野学園」を開設し、組織的、継続的な綜合的教育を実施しているが、高齢者問題は、ひとり行政による公的サービスだけで完全に解決されるものでなく、高齢者も自ら求めて生きがいを創造するとともに、地域社会の各種団体や県民が一体となってとりくんでこそ成果があがるものと考える。

兵庫県高齢者生きがい創造協会は、高齢者一人ひとりが、積極的に自らの福祉を創造する活動を支援するため、広く、県民各位の理解と参画を得て、人間愛に満ちた明るい福祉社会の実現と高齢者の福祉の増進に寄与することを目的とする。

上述されたような当学園の学習目的は、兵庫県の高齢者の学習環境の醸成を目指し、さらには地域の高齢者がリーダーシップを発揮して地域の活性化を図ることを目的としたものであった。福智がいなみ野学園を設立した当時は、「まだ、我が国の人口は高齢化の入り口にさしかかろうとするところで、老人の教育など、真剣に考える人はほとんどいなかった時代[28]」であったという。いなみ野学園創設以前にはこのような総合的な老人大学の前例はなく、福智は兵庫県教育長など多くの識者の意見を参考にしながら自身で構想を練るしかなかった[29]。福地は当時の自らの意図を次のように述べている。

> 当初参考になるような先例がどこにも見あたらないまま、県教育庁らの意見を聞いて、自分なりに構想を練り、農業高校の先生方の知恵を借りて教育計画を立案する。（中略）我々が作成した教育計画が、教養を重視し、生活や生産に関する学科にウエイトを置いて、高齢者教育を単なる娯楽中心としていないのは、農業高校のような産業教育的発想を生涯教育の場へ延長、拡大させることを意図したからである[30]。

そうした試行錯誤の結果、構想された学園は、①入学資格は県に在住する60歳以上で、学習意欲のある人、②修業は年限1年、③講義は週1回とし、午前は一般教養、午後は専門学科とするというものであった。その意図は、福智が「意識の変革は、変転極まりない現代社会に適応して生きていくために不可欠である[31]」と考えていたからだという。そのため基礎的学習として「教養講座」が置かれ、全員必修とされた。

さらに、いなみ野学園では多様な専門科目を配置し、各種クラブ活動を奨励した[32]。なお、1976年には、当学園にポール・ラングランが視察のために

訪問しており[33]、生涯教育の学習組織であるという意識が強かった。

　福智は上述したような思想に基づき、いなみ野学園の目標を「意識の改革、能力の開発、健康づくり」と定め、そのカリキュラムを「①一般教養、②専門学科、③クラブ活動」の3領域から設計した。一般教養は全員必修の科目群であったが、その目的は「広く教養の向上を目的とし、頭の切り替え、つまり意熱の改革、視野の拡大、ひいては精神的動脈硬化を予防する効果をねらっている[34]」とされた。

　他方の専門学科は、高齢者が主体的に選択する学科であり、「個人の専門的知識や技能、趣味、上昇を開発助長するのが目的[35]」であるとされ、園芸学科、生活ふるさと学科、福祉学科、文化学科、陶芸学科があった。

　また、クラブ活動は高齢者の自主的な運営によるものであり、設置の条件として20名以上の希望者があり適切な指導者が得られる場合とされ、具体的には謡曲、詩吟、短歌、俳句、手芸、華道、茶道、書道、美術（洋画）、水墨画、舞踊、文化財探訪などがあった[36]。これはその後の老人大学のクラブ活動のモデルとなり、多くの老人大学で踏襲された。

　以下に当学園が4年制を取るようになるまでの経緯を述べる。

　いなみ野学園は当初1年制の大学として構想されたが、開講初年度から受講者の好評を得、高齢者たちが学習の継続を要求する行動に出たため、1年次修了時に「全員落第志願」の陳情が出されるといった事件が起こった。そのため、急遽修業年限を延長する措置が取られ、その後さらに3年制、4年制へと発展して、最終的には4年制の老人大学となった。

　また、開講初年度の8月には通信教育部が発足している。具体的学習内容は、毎月1回のテキストの発行と学園内での2泊3日の宿泊によるスクーリングであったが、これによって遠隔地に住む高齢者の学習機会が保障された。1977年には通信教育部が「高齢者放送大学」へと名称を変更し、いっそうの発展を遂げた。さらに、その後多くの老人大学でも採用された老人大学の大学院制度も1977年に設置された。

いなみ野学園は、開設当時、「いなみ野学園運営委員会」という任意団体が県の受託事業として運営していたが、学園の規模が拡大するにつれて、きちんとした法的根拠をもった団体による運営が目指されるようになり、1977年に県・市長会・町長会・同窓会・学生自治会の協力によって財団法人兵庫県高齢者生きがい創造協会が設立され、当財団による運営へと移行した[37]。

当学園について先行研究では、たとえば牧野篤が「生涯教育の総合的なモデル校」であると指摘している[38]。その理由について牧野は、「最初は社会教育系列の組織として発足しながらも、その事業内容は単なる教養を主とする高齢者教育機関を越えて、高齢者の趣味、娯楽、社会活動などの生きがい活動を含む幅広いものであった。それはまさしく生涯教育の観点に立つ高齢者学習と教育の総合的組織[39]」であると述べている。

他方、三浦は当学園の実践が、老人クラブや老人福祉センターのような社会福祉的活動であった「高齢者相互の親睦」、「交流」、「老後の余暇対策」など、役割を喪失して孤独な高齢者に学習を提供するという意図だけではなく、個人の潜在能力を引き出し、高齢者の成長過程を援助するという教育の視点を導入したものであったと指摘している[40]。

以上の2つの指摘に共通しているのは、教育と福祉の問題として老人大学の分析を行っていることである。しかし、これらの先行研究には上記の分析方法である、老人大学の類型（①—b）として〈地域リーダー養成型〉〈専門的学習系〉を分類しようとする視点が含まれていない。先行研究では当学園の学習内容・方法についての分析が行なわれているだけで、当学園に通う高齢者が、学習することで地域にどのような貢献ができるのかという点については関心が払われてこなかった。そのため、結果として先行研究では当学園がこの地に開かれた理由については検証するに至らなかったと言わざるを得ない。

そこで、本研究では、あらためて〈地域リーダー養成型〉〈専門的学習系〉の視点から当学園について分析する。まず〈地域リーダー養成型〉〈専門的

学習系〉の老人大学の特徴として、大きく以下の2点を挙げることができる。第一は、高齢者たちに広く国や地域の社会状況を理解させるための第一段階として、まずは高齢者のなかのリーダー養成を目的とした学習を展開することであり、第二は、そうした地域リーダーたちにリーダーシップを発揮するために必要不可欠な専門知識を教授することで、それぞれの地域課題に対応できる人材を育成することである。

こうした特徴に照らして、いなみ野学園を〈地域リーダー養成型〉〈専門的学習系〉の老人大学の類型に即して述べると、以下のようにいえる。当学園の学習は、1960年代後半の高度経済成長期の国の福祉政策の拡充のなかで、兵庫県の高齢者の生活の充実を図ることを目的としていた。さらに、当学園は高齢者の組織化を図り、地域と連動して兵庫県の広域に及ぶ高齢者のネットワークを形成しようとした老人大学であったといえる。

(2) 東京都中野区ことぶき大学における学習実践

次に、東京都中野区ことぶき大学の例を見てみたい。当大学は、老人大学創設期には社会教育行政の一貫として教育行政により所管されていた。したがって、中野区ことぶき大学は、高齢期の社会教育活動としての意味合いが強いという特徴がある。

そのはじまりは1973年である。1972年11月、東京都中野区に中野文化センターが開設され、翌年度開講された。当初は1年制の老人大学で120名から出発したが、1年後の1974年には3年制に拡大し、さらに大学院も設立された。

中野区ことぶき大学の学習目標は、①健康保持、②若い人と話し合えるように、③明るい家庭作り、④社会参加への取り組み、⑤仲間との交流、⑥福祉の増進、⑦余暇の活用、⑧時代に適応できる、であった[41]。

学習形態は月1回の講義が中心であったが、学年が上がるにつれて話し合いやグループ発表など主体的な学習に内容が変化していく（図2参照）。

初年度の学習プログラムであるが、当初は1年制で月1回のプログラムであった。学習内容は楽生学園と同じ形式で、〈新しい高齢者像について〉、〈仲間づくりについて〉などのプログラムがなされ、社会教育の学習実践としての意味合いが強いものであった。また、『老後をかえる』の上映も行っており、当大学は高齢者教育の先駆的実践例である楽生学園といなみ野学園の学習実践について参考にしていたことが窺える。

 中野区ことぶき大学の学習プログラムの特徴として挙げられるのは、1976年に発足した「プログラム検討委員会」の存在である[42]。当委員会では老人大学の学生と社会教育主事が共に参加し、毎年の学習の振り返りと次年度の計画を共同で作成していた。その意味で、中野区ことぶき大学の場合、学習者が主体的にプログラムを作成していたということができる。これは、楽生学園でも行われていた「共同学習」の方法である。学習内容を学生が自ら提案・選択する主体的な学習実践であったことが、運営方針からも窺い知ることができる（図2参照）。

 また当大学は、青空教室として地域散策も行っていた。講師には、石井ふく子、石垣綾子、北村和夫、沢村貞子、鶴見和子、暉峻康隆、外山滋比古、樋口恵子、日野原重明など、当時の社会問題に精通した有識者が中心に起用された[43]（図3参照）。

 正規の学習以外でも、当時はクラブ活動として詩吟、民謡、コーラス、俳句、ペン習字、園芸、墨絵、英会話、書道、ヘルシー（ダンス）、時事問題、手芸、社交ダンスなどが行われていた。しかし、現在では自主運営に移行している[44]。

 老人大学の学習の一環として自分史の作成（卒業文集化）も創設当初から行っており、その指導員には自分史の全国的普及に貢献した『あの日夕焼け』を記した鈴木政子もかかわっていた。ただし、今日では自分史学習は中野区の予算の削減を理由に廃止されている。大学卒業後の活動としては、地域組織と連携が取られた同期会へと活動が繋がっていた。

回数	月 日	学習テーマ		講 師
1	5月31日	開校式 老後のしあわせはまず健康から	（講義と話し合い）	ラジオドクター 近藤宏二氏
2	6月14日	おいしくたのしい食事の工夫	（講義と話し合い）	日本栄養士理事長 森川規矩氏
3	6月28日	親、子、孫のつながり、みそ汁の冷めない距離で	（講義と話し合い）	東京家裁調停員 島津久子氏
4	7月12日	少しでも社会奉仕できるくらしの設計	（講義と話し合い）	経済評論家 藤本正夫氏
5	7月26日	映画「クラブ活動とたくましい老人たち」	（映画鑑賞と話し合い）	
6	8月25日	目と耳のはたらき	（講義と話し合い）	中野区医師会（未定）
7	9月6日	年と健康にふさわしい性生活	（講義と話し合い）	医学博士 桶谷正一氏
8	10月11日	人生70、80は誰のもの	（講義と話し合い）	日本老年社会科学会々長 渡辺実氏（交渉中）
9	10月25日	新しい時代には新しい考え方を	（講義と話し合い）	東京女子大学教授 副田義也氏（交渉中）
10	11月15日	映画「老後をかえる」他	（映画鑑賞と話し合い）	
11	11月29日	心の通い合う仲間づくり	（講義と話し合い）	評論家 扇谷正造（交渉中）
12	12月4日	学習のまとめ、閉講式、懇談会		

図2：中野区ことぶき大学 1973年度 学習プログラム[45]

石井ふく子	脚本家
外山滋比古	英文学者
暉峻康隆	国文学者　1980年からのNHK「お達者文芸」の選者
沢村貞子	女優　エッセイスト
北村和夫	俳優
石垣綾子	評論家
鶴見和子	社会学者　上智大学名誉教授
樋口恵子	東京家政大学名誉教授
日野原重明	医学博士

図3：中野区ことぶき大学の講師陣

また、当大学において特徴的であったのは班の編成であった。入学時に町名・番地順に10人単位で1班を作り、班長・副班長を選び出欠席、受講の座席、レポートのまとめなどを主体的に行い、3年間変更しないというシステムで学習が行われた[46]。

しかし、中野区ことぶき大学は今日も継続しているため、これまで学習してきた多くの高齢者をすべて同一のイメージで包括することは困難である。老人大学開設当時の高齢者は戦前派と呼ばれる世代であり、その後、戦中派から小国民世代、そして、団塊の世代へと学習者の性格も変容していった。したがって、世代の感覚が違えば学習へのかかわり方も当然変容を余儀なくされる。

たとえば高齢期の学習の質的変容に着目すると、従来の「生きがい」獲得学習から、専門的で高度なスキルを養成する「大学院」化へと内容が移行していったことがわかる。また、地域とのかかわりについての学習が多かったのが、今日では、地域還元を意識したキャリア志向へと特化しつつあり、当然ながらIT学習の必要性も唱えられている。

一方、指定管理者制度の導入により、現実には老人大学の運営費は年々減少してきており、非常勤職員でさえ減少の一途をたどっている。全国的に、老人大学の講座をNPOなど民間へと委託するという現状があるなかで、今後の高齢者教育の質の保障が大きな課題となっている。

しかし、当大学は2010年度でいったん終了し、その後、運営は教育委員会から健康福祉部へと移管された。それに伴い名称も「なかの生涯学習大学」へと変更することになったが、内容的には55歳～79歳を対象とする点などから見ても、これまでの老人大学と形態は変わっていない。

言わば、教育委員会における高齢者への教育政策から、生涯学習社会のなかで地域社会への貢献を目的とした主体的な学習活動組織へとゆるやかに移行していったといえるだろう。ただし、この変容は、高度経済成長期の福祉サービスとしての学習ではなく、主体的に学習を行う新しい老人大学モデル

であると本研究では位置づける。

　当大学についての先行論のなかで牧野は、中野区ことぶき大学を「教育行政と福祉行政の谷間」においても学習内容が一貫し、社会貢献を目的とした学習を行っているとして高く評価している[47]。しかし、牧野論においても教育と福祉の問題として老人大学が扱われており、1970年代の社会政策と連動させた分析とはなっていない点に限界がある。

　先行研究には、上記の分析方法である〈地域リーダー養成型〉〈一般教養系〉の類型の老人大学（①―a）という視点が含まれていない。そこで、本研究ではあらためて〈地域リーダー養成型〉〈専門的学習系〉の視点から当大学についての分析を行いたい。

　〈地域リーダー養成型〉〈一般教養系〉の老人大学はその特徴として次の2点を挙げることができる。第一は、前述したように、国や地域の社会状況を理解するために、高齢者に対して地域社会のリーダー養成を目的とした学習を展開させることである。第二は、地域住民としてリーダーシップを発揮するために必要となる知識として〈一般教養〉を学習させることで、地域の状況を社会的課題として分析する能力と、その社会的課題に対して即座に対応できる力量を育成させることである。つまり、〈地域リーダー養成型〉〈一般教養系〉の老人大学は、この2つの特徴を目標に掲げた老人大学と見なすことができる。

　中野区ことぶき大学は、教育行政によって、中野区の社会福祉政策を地域の高齢者達に円滑に理解させる地域リーダーを養成するという特徴をもつので、〈地域リーダー養成型〉〈一般教養系〉に分類することができる。

　以上の特徴を有する中野区ことぶき大学を〈地域リーダー養成型〉〈一般教養系〉の老人大学の類型に即して述べるならば、当大学は国や地域の社会的課題を理解させるために、人気知識人を講師に呼ぶといった方法で理解を促進させる学習方法が取られていたといえるだろう。

(3) 東京都世田谷区老人大学における学習実践

　老人大学創設期の社会福祉行政による実践として注目しておかなければならないのは、三浦文夫を中心として作られた東京都世田谷区老人大学である。三浦文夫は、世田谷区老人大学の実践をまとめた『老いて学ぶ　老いて拓く』を1996年に著している。

　世田谷区老人大学は、老人福祉分野の側から生涯教育の視点を取り入れた思想を理念として1977年に開設された。初代校長は東京大学名誉教授・福武直であった。2007年には設立30周年を記念して、世田谷区生涯大学へと改称されている。世田谷区老人大学は、中野区ことぶき大学の場合と同様に二年制の「大学」の形態が取られたが、その教育方針や学習形態は「世田谷方式」と称され、多くの老人大学の手本となった。

　この世田谷区老人大学について、前掲の牧野論では「シニア世代の学習センターとしての機能だけでなく、相談・活動センター、すなわちシニア世代の社会参加やコミュニティづくりへの支援を行うセンターとしても位置付けられている[48]」と高く評価している。つまり、「高齢者が永年培ってきた『力』を登録し、それを時に再訓練して、この『力』を、援助を必要とする人びとに役立てる活動を行う」センターとしての機能を持っているのが、本大学の大きな特徴であるといえるだろう[49]。

　世田谷区老人大学は世田谷区において、同区のまちづくりの基本方針である「福祉社会をめざすヒューマン都市世田谷」構想と深くかかわる高齢者施策の一環として位置づけられている。その基本コンセプトは、「絶えざる自己啓発とコミュニティ形成を促進し、新しいうるおいある文化と生活を創造する高齢者の綜合センター」であるとされ、その学習目的を次のスローガンによって規定している[50]。

　①地域に生きる、②集団で生きる、③若者と生きる、④丈夫で生きる、⑤汗を流して生きる、⑥文化をもって生きる高齢者の自己啓発の場[51]。

世田谷区老人大学の学科システムは、「社会」「生活」「福祉」「文化」の4コースに分かれており、修業年限が2年であった。学生募集定員は100名、授業は基本的に毎週1回、年間30回程度で少人数のゼミナール形式であった。また、そのほかにも年間5～6回程度の、外部講師による特別講義や必要に応じての社会見学が組み込まれたりした[52]。

　三浦は、同大学の学習目標を次のようにまとめている。

1、急激な社会構造の変化にも対応でき、社会の主人公としての位置と役割を担える力を身につけることができるような内容と方法にすること
2、定年後の生活が文化的な、ゆとりあるものにするための文化活動を学び、身につけることができるようにすること
3、学んだものを地域に還元し、コミュニティ形成に寄与できるようにすること[53]

　また、当大学では、地域における高齢者の生活と活動を豊かにしてゆくための拠点として高齢者の学習の重要性が位置づけられていた。その理由を考えるうえで、当時三浦が唱えていた「地域青年自由大学構想」を確認する必要があるだろう。

　このモチーフとなったのは「信濃自由大学」であった。これは、勤労青年の自由大学での学習の機会を社会教育行政が担うべきであると考えていた構想であるが、老人大学の基本的理念はこれに影響を受けていたと考えられる。

　そのような背景を持ってスタートした世田谷区老人大学には、明確な教育課程（カリキュラム）と教育方法があった。すなわち、

1、少人数コース制を採用し、学習動機、関心に即して、かつ主体的に学べる学習形態にすること
2、コースには大学院で学んでいる新進気鋭の若手研究者や世田谷区の実

状を良く理解している世田谷在住の社会教育に秀でたリーダー等をコースごとにチューターとして配置すること
3、履修期間は2年とし、落ち着いて問題発見・問題解決型の学習に取り組めるようにすること
4、その結果は卒業（修了）論文として自己表現すること
5、コース制を取ることによって、学習が偏らないように、文化講演会や特別講義等を随時開催し、履修させること
6、大学の運営は学長の下に学生（履修者）参加の運営会議を開催し、民主的に、学生の主体性が発揮できるようにすること

の6点であり、同大学は上記のような綿密なカリキュラムのもとに大学運営が行われていた点に大きな特色があったといえるだろう[54]。

　このような理念と具体的実践を通して、三浦は、「老人福祉の増進と生涯教育の統合[55]」を提唱した。そして、「絶えざる自己啓発とコミュニティ形成を促進し、新しいうるおいのある文化と生活を想像する高齢者の総合センター[56]」を目指した。これには、創設当初からかかわっていた大橋謙策による「高齢者のための『自由大学構想』」も深く関与していた[57]。この発想のきっかけは、大橋が「健康な高齢者に対する施策としては、老人クラブに対する施策が中心であり、高齢者の学習、文化、スポーツ活動を通しての社会参加活動は社会福祉行政にあっては皆無といってよく、その多くは社会教育行政において少しばかり行なわれていた[58]」ことを問題視したことに由来している。

　ところで、この世田谷区老人大学の実践には、前述した二つの実践例との明らかな差異を見出すことができる。すなわち、当大学の試みが、明確な教育課程（カリキュラム）と教育方法を持った極めて体系的な学校型教育実践であったという点である。三浦は、当大学の課題を、「時代に適した高齢者の学習をいかに進めるべきか」にあると分析している[59]。

また、当大学の特色として、学生協議会が設置されていることを挙げることができる。この協議会は1978年に世田谷区老人大学学生連絡協議会として発足し、その後、1990年に学生協議会へと改称された。設立の目的は「大学設立の趣旨に則り、学生の資質の向上及び親睦を図ること」であるとされ、発足以来、学生による自主運営が行われてきた。世田谷区老人大学の所管は世田谷区福祉部老人会館であり、老人大学は区行政のまちづくり基本計画の一環として位置づけられていた。

　また、三浦は当大学の意義について、高齢者の健康問題を中心とした学習課題に対応しながら、コミュニティづくりの拠点となることを目指した老人大学であると言及している[60]。この言及を受けるかたちで、牧野篤は「都市計画の一環として福祉的な発想より生まれた高齢者大学が、教育的な機能を取り込みながら、高齢者対策事業としての高齢者大学からシニア世代が自律して社会で生きるための、そして、彼らシニアと共生するまちづくりのための高齢者大学へと展開することの必要[61]」を唱えた。

　以上の指摘に共通しているのは、ここにおいても教育と福祉の問題として老人大学の分析が行われていることである。またここでは、コミュニティづくりの拠点を当大学が担っているという指摘がなされているが、その点についても、コミュニティづくりの拠点となる根拠がその時代の高齢者政策との関連から述べられていない。両論では高齢者のコミュニティづくりが単なる社会福祉活動を指しているのであって、他世代との連携を図るところにまで分析が至っていない。

　したがって、先行研究には、本研究の提示した分析方法である、〈社会問題分析型〉〈専門的学習系〉の類型の老人大学（②—b）という視点が含まれていない。そのため、あらためて〈社会問題分析型〉〈専門的学習系〉の視点から当大学について分析を行うことにする。

　〈社会問題分析型〉〈専門的学習系〉の老人大学の特徴は2点ある。第一は、国や地域の社会的課題を分析し、社会問題を広く提言できるという資質を身

につけることを目的とする一方で、高齢者自身が若者世代に対して、未来の高齢者像を描くことができる模範とための学習を行う点である。第二は、前述したように、国や地域の社会的課題に対応するために必要となる知識として専門的力量を備えることで、それぞれの地域課題に対応できる人材の育成を目指す点である。〈社会問題分析型〉〈専門的学習系〉の老人大学は、この２つの特徴点を目標に掲げた老人大学であるといえるだろう。

したがって、世田谷区老人大学を〈社会問題分析型〉〈専門的学習系〉の老人大学の類型に即して言及すると、当大学は学習目標として、国や地域の社会的課題に対応するために、講演会や社会見学など社会調査活動を行い、「共同学習」として高齢者が自治を行う教育政策であった。さらに、当大学は高齢者が社会的な扶養を受けないよう自活するための健康学習を行うことを目指していたといえる。

当大学は、高齢者が若者や壮年の世代の模範となることを目指し、地域コミュニティを形成する主体として、交流事業を積極的に行う組織づくりを推奨している老人大学である。

以上、老人大学創設期の３校の老人大学について検討を進めてきた。高齢者教育研究のなかでの議論では、教育行政と福祉行政の谷間の問題について検討がなされてきたが、実践においては、特に行政所管の区別なく実践が行われていた。そのため、老人大学の運営側がそれぞれの地域の高齢者に対してどのような人物となって欲しいのかという学習目標に沿って学習実践が行われていたといえる。

あらためて、３校の老人大学に対して社会政策との関連で再定義を試みた結果、明らかとなったことを以下に述べる。

いなみ野学園と世田谷区老人大学については、どちらも当初から知識人がかかわり、明確な高齢者像をもっていたため、その高齢者像を目指して学習がなされてきたといえる。このような場合、学習内容に関しても専門的な内容を提供する傾向があるといえるだろう。しかし、両者の違いは、いなみ野

学園が兵庫県行政と密接に関係しながら老人大学の運営を行っていたのに対して、世田谷区老人大学では高齢者の「自己改造」を目的とした学習が行われていたことであった。

いなみ野学園は、県行政の高齢者政策に則って地域リーダーを養成することに重点を置いていた。そのため、いなみ野学園は、地域の隅々にまで行政政策を理解させるために、施設の規模を拡大していった。世田谷区老人大学は、1970年代後半に作られたこともあり、社会福祉政策として老人大学の運営が進められた。したがって、学習内容は社会福祉に沿ったものであった。しかし、設立にかかわった人物たちの影響が強く、小林文成の楽生学園の学習実践を範としたため、高齢者の「自己改造」を目的とした学習が展開されることとなった。他方、教育行政が設立した中野区ことぶき大学は、社会教育主事が中心となって学習を推進したため、小林文成のことぶき大学といなみ野学園をモデルとして講座を作っていた。しかし、中野区ことぶき大学の目指した高齢者像は、区行政の高齢者政策に則っていたので、地域リーダーを養成することに終始していた。

以上が再定義した老人大学の分析結果である。この分析をもって1970年代の老人大学についていえることは、1970年代に続々と作られていった老人大学は、〈地域リーダー養成型〉であったということである。これまで検討してきたように、1960年代後半から行われた高齢者の学習環境の整備としての老人大学は、家のなかで役割を失った高齢者に福祉を享受する主体であることを積極的に自覚させていくシステムであった。上記の〈地域リーダー養成型〉の2つの老人大学だけでなく、〈社会問題分析型〉である世田谷区老人大学でも、創設者の意図という特別な要件がなければ、同じように行政の社会福祉政策を理解するための学習として、健康維持の内容を中心として取り組む施設となっていたであろう。このように、1970年代の全国の老人大学のほとんどが〈地域リーダー養成型〉であった。さらに、老人大学が学年制を採用したことで、高齢者自身の学習要求に即して系統的に学習を行うことが

でき、学習意欲が高まるという効果があった。全国的に高齢化が進むなかで、急速に高齢者に福祉の主体として意識させるためには、地域のリーダーとして先導する高齢者の数を増やす必要があった。そのために、これらの老人大学のように学年制を採用したことは効果的であったといえる。

第4節　1970年代以降の高齢者の学習環境
　―高齢者の権利保障と自己決定―

(1)　「措置」から「福祉サービス」へ

　本節では、1980年代以後の高齢者の学習について検証する。
　1970年代は、家族の新たな役割として高齢者が福祉を享受する主体となることが求められ、高齢者への教育政策として老人大学が全国的に設置された時代であった。この時代は、日本社会が経済的に裕福であった時代であったため、高齢者への社会保障制度はすべての高齢者を対象とした「措置」制度であった。
　そうした「措置」制度は1980年代に入っても継続され、各地では続々と老人大学が設置され高齢者の学習環境はさらに整備されていった。しかし、その一方で1980年代には高度経済成長が終焉を迎えたにもかかわらず、本格的な高齢化社会が到来したことによって、さらに社会保障費が増大し、財政を圧迫するような福祉政策が財政上維持できなくなった時代でもあった。そのため、高齢者対策として1982年に老人保健法が制定され、医療事業や保険事業の費用は無料から有料へと切り替えられた。そして、老人保健法に該当しない場合のみ、高齢者は老人福祉法による手厚い福祉が受けられるという体制に切り替わった。1980年代は、高齢者にかかわる財政負担を軽減することを目的とした、自活できる高齢者像を示す語として「熟年」という言葉が広

く使用されるようになっていった。

1980年代の高齢者教育政策の動向を見ていくと、1981年の中央教育審議会答申「生涯教育について」では、人の一生涯を「成人するまでの時期」、「成人期」、「高齢期」に分け、それぞれの教育課題を提起している。

答申では、成人期の教育と区別して「高齢期の教育」を取り上げ、「高齢化社会の進行とそれへの対応」という観点から「我が国の高齢者対策は、これまで主として福祉、医療などの面が中心であった。しかし、今後は、家庭や社会が、単に高齢者の庇護に努めるだけではなく、敬愛の念を持って接するとともに、その経験や能力を社会的に正しく評価し、その積極的な社会参加を期待し、これを支援することが必要である[62]」と述べている。しかし、この答申における「高齢期の教育」は、厳密には高齢者教育というよりも、高齢者をめぐる社会的諸問題として論じられていた。

なお、この答申のなかで注目すべきは、「高齢期の生き方と生涯学習」の項の以下の言説である。

> 流動する現代社会の中にあって、高齢者が充実した生活を送るために、自ら進んで学習活動や社会的活動を続け、あるいは思想や思索に意義を見いだすなど、主体的に生きる姿勢が大切である。また、国民一人一人が、高齢化社会の急速な進展を迎え、高齢期をむかえてその生き方を自ら考え、それに対して備えることの必要性を自ら認識することが重要である。人間がその生涯を通じて、科学、芸術、宗教など人生とかかわる根源的な諸問題を学習し、探求し、自己自身を深めることによって価値のある生涯を送ることにこそ生涯学習の意義があり、このような学習を可能にすることが生涯学習の理想とするところである。

本答申のなかで書かれていたことは、生涯学習の観点から高齢者教育に注目し、高齢期における独自の教育領域を設定することであった。

1970年代以降は、戦後のばらまき福祉の様相は消え、徐々に国民が負担する体制へと変化していった。そして、そのような国民の負担を増やすことを目的として行った政策が、福祉を「措置」から「サービス」へと変質させた。

これは、福祉を利用する高齢者が、それぞれの自己決定によって契約を行う＝福祉サービスを受ける主体となったということを意味している。

他方、こうした1970年代以降の社会構造の変容は高齢者の教育にも影響を与えた。1980年代の高齢者の学習環境の変容については、大きく以下の２つの特徴を挙げることができる。

①中高年の学習環境の整備へと変更されたために、老人大学は下火となり、生涯大学として高齢者の学習の対象範囲が拡大される
②高齢者の学習において、経済負担を軽減する内容に特化する傾向がみられるとともに、医療の知識を増やして、介護負担を軽減するための学習が増える

一方で、1980年代には高齢者に対する労働環境の是正も図られた。1986年には、高年齢者雇用安定法が制定された。また、政府が高齢者の雇用対策として掲げた指針としては、以下の３点を挙げることができる。

①知識・経験を活用した65歳までの雇用の確保
②中高齢者の再就職の援助・促進
③齢者の多様な就業・社会参加の促進

第一の「知識・経験を活用した65歳までの雇用の確保」のなかには、定年の引上げ、継続雇用制度の導入等の促進のための高年齢者雇用確保措置の導入義務年齢の段階的引上げへの事業主の円滑な対応に向けた周知・啓発や、公共職業安定所による事業主への指導、助言及び勧告、高年齢者雇用アドバイザーを活用した相談・援助、高年齢者雇用確保措置を講じた事業主等に対する助成措置などが含まれていた。

また、第二の「中高年齢者の再就職の援助・促進」のなかには、離職を余

儀なくされる中高年齢者の再就職の援助を行う事業主等に対する指導・援助、中高年齢者トライアル雇用事業の推進、労働者に対する高齢期における職業生活設計に関する相談・援助などが含まれていた。

そして、第三の「高齢者の多様な就業・社会参加の促進」のなかには、シルバー人材センター事業等の推進のなかでも、子育て支援事業等の地域社会に密着した事業の推進、団塊の世代を中心とした高年齢者の短期的・就業体験の実施、派遣・ボランティア等の多様な就労・社会参加機会、情報の提供などが含まれていた。

この対策の目的は、2012年問題として大量の「団塊の世代」と呼ばれる第一次ベビーブームの世代が65歳を迎えることから、超高齢社会に対応した社会を醸成することであった。

つづくバブル崩壊以後の時代には、それまで長く右肩上がりであった日本経済が一転、不況へと転じた。そのような1990年代を象徴する高齢者像として、医療では「前期高齢者」、「後期高齢者」という言葉が使用[63]され、企業で一般的に用いられる「定年退職」といった用語や、団塊の世代を指した「アクティブシニア」などにも見られるように、中高年とは別に、扶養される高齢者を特定する用語が出現した。

その社会的背景には、人口の高齢化がさらに促進し、福祉の適用範囲を減らしたにもかかわらず財政破綻を起こしたという状況があった。そこで、従来の老人福祉法、老人保健法の管轄であった介護部門を別の財源で行うことにし、介護保険法を制定した。

以上の検証からも明らかなように、戦後の高齢者教育における高齢者像は、「老人権」獲得の主体から福祉的学習を行う主体へと移行し、さらに、今日においては福祉的学習を行う主体から学習サービスを受ける「契約主体」という流れで、社会の変容と連動するかたちで変化してきている。

以上、1970年代以降の高齢者政策について、時代ごとの政策の転換に着目し論じてきた。今一度確認すると、1980年代は、高齢者に対する福祉施策は

「措置」であった。さらに、1990年代に入ると、社会福祉の構造改革[64]が進み、福祉政策の転換期となった。社会福祉の政策は、「措置」から福祉サービスを受ける契約主体として高齢者を位置付けるようになっていった。それは、教育行政のなかで高齢者に対する主体的な学習政策を積極的に提言してこなかったため、社会福祉行政が中心となって、高齢者が主体的に生活を送るための環境を整備することとなったからである。1980年代までの福祉とは異なり、福祉について知識を得るほどに、高齢者が福祉契約を自ら選択をして選び取る必要が生じてきた。すべての高齢者に対して、半強制的に主体性を持たせる社会システムへと転換していったのである。

(2) 福祉サービスにおける「契約主体」

　1990年代以降に起こった高齢者の学習のなかで重要であるのは、「契約」という概念である。それは、今後の高齢者の生活にかかわる「介護」を主体的に選択してゆく必要が生じたためである。しかし、高齢者が個々に企業や行政や個人など、様々な他者と契約を有利に結んでゆくことは極めて困難である。

　そこで登場した概念が「福祉契約」である。これは、社会福祉分野で広まっている概念である。「福祉契約」という概念は、社会福祉の分野において、弱者に対して恒久的な保障を社会的に行うことを前提としながらも、弱者の自己決定権を広く認める考え方が強くなり、福祉性と自己決定性の両面をもつものとして定義づけられている。

　以下、高齢者の学習意欲が高い介護保険制度にかかわる「契約」とはいかなるものであるのかについて明らかにする。

　介護保険制度が運用されることにより、従来のシステム自体が大きく変わった。それは、社会構造と福祉サービスの質が変容するなかで、介護保険法自体が「走りながら作り上げる」ことを前提としているからである。しかし、介護保険にかかわる裁判判決も未だ数例しか出ておらず[65]、介護保険にかか

わる契約についての判断はきわめて慎重でなければならない。ただし、先行研究から介護保険契約の枠組みを捉えようとするならば、「介護保険法は、介護保険に基づくサービス利用について、当事者の契約を直接的に規制する規定をおいてはおらず、契約書の取り交わしさえも法的な義務はないとしているが、介護保険サービスの具体的な内容を規定する省令は、介護事業者の説明義務および当事者間で取り決めるべき事項を明記しており、事実上、契約書を取り交わすことを想定している[66]」という説明が最も妥当と考えられる。

　介護保険を内包する社会福祉における契約は、一般に福祉契約と呼ばれ、これまでの契約システムと異なり、これまで法の中で想定しにくい幸福追求をその目的として契約が締結されるのが特徴である（憲法第13条）[67]。とくに社会保障として考えなければならない憲法25条の生存権に依拠する必要がある。さらに、憲法第25条第2項における社会福祉に関連させて考えると、公的介護保険は保険契約にある善意契約よりも被保険者である高齢者の利益性を尊重する必要があると考えられている。

　福祉契約論で最大の焦点となったのは、福祉サービスの受給の際に、高齢者にとって不利にならないようにするために、どのように契約関係を平等にするのかという問題であった。被保険者である要支援者・要介護者にとってどのような介護サービスを受けるか、また、どの介護支援サービス業者から介護サービスを受けるのかの選択肢を一定の範囲で持つことができるようになり、これまでの措置制度にはなかった市場原理を用いて、社会保障を履行しようと考えたことが重要な視点である[68]。

　福祉分野においては、いわゆる利用者本位という、いかにも顧客ニーズに対応したような表現を使用しているが、予算を確保したり、運営責任は提供者である自治体側に主導権があったりと、決して利用者が主体となっているとは言えない[69]。

　保険契約のなかでも介護保険契約[70]について考えると、介護保険サービス

の利用・提供契約である介護保険契約とその規制をめぐる問題を明らかにする必要がある。現在の介護保険契約は、法的にはサービス提供契約と位置付けられ、福祉サービスに関する契約として、民法であげられている典型契約、さらに一般的なサービス提供契約にくわえて、社会保障・社会福祉理念的性質を有していると解釈されている[71]。介護保険は、高齢者を社会的弱者として保護の対象としてきた従来の措置制度から、高齢者にも年金等により一定の所得が社会保障法上保障されていることを前提に、高齢者を保険料拠出に基づく給付請求権の主体として、また多様な介護サービスを契約により選択する契約当事者、すなわち法律行為の主体としてみなした。

福祉契約は、高齢者にとって不利となる契約においても、社会福祉を受ける主体として、契約が不利にならないようにするための契約論であり、この福祉契約を整備するための社会環境の醸成を急がなければない。

介護保険制度の拡充、そして多くの団塊の世代を抱える社会状況において、高齢者の学習が主体的であり、かつ福祉だけでなく労働との観点で語られるようになり、主体的に高齢者が選択するために必要となる学習内容が求められている。

高齢者の契約主体化の状況を社会福祉制度の側から詳細に検討するために、介護保険制度を事例に、高齢者自身が契約を自己決定する主体とみなされるようになってきたことを示してきた。1990年代の高齢者の学習との関連性を指摘するならば、教育行政と福祉行政の谷間の問題の解決のみにとどまることなく、高齢者自身が権利獲得の主体となるためにいかなる学習が求められているのかを考えていくことが不可欠となっているということである。権利獲得のためには、どのような質の高齢期の学習が必要なのかが強く問われている。これは、1950年代において小林が論じた高齢者の「自己改造」を目的とした学習のための論議と同様の構造を持つものである。

以上、1970年代以降の高齢者の学習について検討してきた。1970年代ごろには、これらの福祉分野としての研究が主流であったが、1980年代以降にな

ると、高齢者の主体的な学習の必要性が訴えられるようになった一方で、高齢者の学習は講座を中心とした、いわゆる「承り学習」の様相を呈し、老人大学は独自のカリキュラムや施設、修了証書などをもつ「学校化」された体系的なものに近づいていった。そして、生きがい獲得を目標として学習の必要性が謳われるようになった。このように1990年代に入ると、福祉が措置からサービスへと変容し、介護保険という高齢者にかかわる福祉について、高齢者自身が契約を主体的に結ぶ時代へと変容していったのである。

注

1) 梨本雄太郎「高齢者の社会参加過程における学習の意味」(日本社会教育学会編『高齢社会における社会教育の課題』東洋館出版社、1999年、p.74)。
2) 1973年9月15日の敬老の日に国鉄の中央線快速にシルバーシートを設置。
3) 『電通報』1979年8月20日号。「わが国にも高齢化社会の波がひたひたと押し寄せてきている。(中略) そうした中で、電通も人間としてもっとも成熟度の高い五十代を中心としたこの世代を"熟年"と名づけ、資料集『熟年ガイドブック』をまとめた」
4) 久保田治助「第二次世界大戦後の高齢者の変容についての考察」(『早稲田大学大学院教育学研究科紀要 別冊』第11号-2、2004年、pp.143-146)。
5) 堀薫夫「『高齢社会と社会教育の課題』に関する文献」(日本社会教育学会編『高齢社会と社会教育の課題』東洋館出版社、1999年、pp.247-256)。
6) 副田義也「老年期の教育」『社会教育』国土社、1971年9月号、pp.6-10。
7) 堀薫夫「社会福祉と社会教育」(日本社会教育学会『現代社会教育の創造』東洋館出版社、1988年、p.413)。
8) 山本和代「高齢社会を生きる」(日本社会教育学会編『高齢社会における社会教育の課題』東洋館出版社、1999年、p.15)。
9) 樽川典子「老年期の家族役割と夫婦関係」(副田義也編『日本文化と老年世代』中央法規出版、1984年、pp.150-154)。
10) 小川利夫「社会教育と社会教育の間」(小川利夫・大橋謙策編『社会教育の福祉教育実践』光生館、1987年、p.3)。
11) 同前、pp.15-19。
12) 三浦文夫『老いて学ぶ老いて拓く』国土社、1996年、p.22。

13) 大橋謙策「高齢者教育と高齢者福祉」(塚本哲人編『高齢者教育の構想と展開』全日本社会教育連合会、1990年、p.97)。
14) 小川利夫「社会教育と社会教育の間—社会「福祉教育」論序説—」前掲、p.3。
15) 同前、p.100。
16) 大橋謙策「社会福祉と社会教育」前掲、p.411。大橋は、第1に「高齢者の社会教育が福祉行政と教育行政の谷間の問題となり、両方の行政範疇から欠落したこと」、第2に「国民の、あるいは行政の劣等処遇を払拭しきれないこと」、第3に「国民のレクリエーション観が貧困であったこと」、第4に「高齢者が量的に行政サービスの対象となるほどにいなかったこと」の4つの要因があるとした。
17) 三浦文夫『老いて学ぶ老いて拓く』ミネルヴァ書房、1996年、p.22。
18) 大橋謙策「社会福祉と社会教育」前掲、p.410。
19) 大橋謙策「高齢者教育と高齢者福祉」前掲、p.109。
20) 久保田治助「老人大学創設期における高齢者教育の動向」(堀薫夫編著『教育老年学の展開』学文社、2006年、p.149をもとに筆者が作成)。
21) 梨本雄太郎「高齢者の社会参加過程における学習の意味」(日本社会教育学会編『高齢社会における社会教育の課題』東洋館出版社、1999年、p.74)。
22) 三浦文夫「わが国の老人大学の源流と系譜」(三浦文夫編著『老いて学ぶ老いて拓く』前掲、p.50)。
23) 福智盛『たのしい老人大学』ミネルヴァ書房、1975年。
24) 福智盛『熟年は燃える』ミネルヴァ書房、1981年。
25) 『老後を変える—ある高齢者の記録—』制作：英映画社、企画：日本映画教育協会、1973年、27分、カラー、16ミリフィルム。
26) (財)兵庫県高齢者生きがい創造協会編『生きがいの創造』(財)兵庫県高齢者生きがい創造協会、1989年、pp.26-30。
27) 福智盛『熟年は燃える』前掲、p.258。
28) 福智盛「老人大学の実践Ⅰ—いなみ野学園と兵庫の高齢者教育」前掲、p.296。
29) 福智盛『熟年は燃える』前掲、p.42。
30) 福智盛「老人大学の実践Ⅰ—いなみ野学園と兵庫の高齢者教育」(室俊司・大橋謙策編著『高齢化社会と教育』中央法規出版、1985年、p.297。
31) 同前、p.42。
32) 同前、pp.42-43。
33) 福智盛『快老天国』友月書房、2008年、pp.84-89。

34) 福智盛「老人大学の実践Ⅰ―いなみ野学園と兵庫の高齢者教育」前掲、pp.301）。
35) 同前、pp.301-302。
36) 同前、p.302。
37) 同前、pp.310。
38) 牧野篤『シニア世代の学びと社会』勁草書房、2009年、p.109。
39) 同前。
40) 三浦文夫「わが国の老人大学の源流と系譜」前掲、p.44。
41) 中野区教育委員会編『中野区ことぶき大学20年誌』1993年。
42) 中野区教育委員会編『中野区ことぶき大学30年誌』2003年、藁半紙。
43) 中野区教育委員会編『中野区ことぶき大学20年誌』前掲、p.11。
44) 同前。
45) 中野区教育委員会編『中野区ことぶき大学10年誌』1982年、p.55をもとに筆者作成。
46) 朝日新聞1981年9月1日号。
47) 牧野篤『シニア世代の学びと社会』前掲、pp.114-116。
48) 同前、p.111。
49) 三浦文夫「老人大学の実践Ⅱ―世田谷区老人大学の活動」（室俊司・大橋謙策編著『高齢化社会と教育』中央法規出版、1985年、pp.318）。
50) 牧野篤『シニア世代の学びと社会』前掲、p.111。
51) 三浦文夫「老人大学の実践Ⅱ―世田谷区老人大学の活動」前掲、pp.317。
52) 同前、p.320。
53) 三浦文夫『老いて学ぶ老いて拓く』前掲、p.61。
54) 同前、p.50。
55) 同前。
56) 大橋謙策「世田谷区老人大学のあゆみ」（『老いて学ぶ老いて拓く』前掲、p.56）。
57) 同前。
58) 同前、p.53。この大橋論は、その後の高齢者教育行政と高齢者福祉行政の谷間の問題として今日の定説とされている。大橋謙策「高齢者教育と高齢者福祉」（塚本哲人編『高齢者教育の構想と展開』全日本社会教育連合会、1990年、p.100）。大橋謙策「世田谷区老人大学のあゆみ」（三浦文夫『老いて学ぶ老いて拓く』前掲、p.53）参照。
59) 『老いて学ぶ老いて拓く』前掲、p.11。
60) 三浦文夫・高橋泉「実例 世田谷区老人大学10年の歩み」（塚本哲人・大橋謙策他

著『高齢者教育の構想と展開』財団法人全日本社会教育連合会、1990年、p.96)。三浦はつづけて以下のように述べている。「とくに未曾有ともいうべき高齢化社会（長寿社会）の進展のなかで、高齢虚弱、病弱のために。老人大学等で学ぶことのできない人びとの共生のなかでの学習を改めて考えてみたいと思う。長寿社会の特徴は（中略）八〇歳、九〇歳代といった長寿者の激増を内容としている。これらの人びとを含め身体的情緒的に障害をもつようになる人びとの激増は、長寿社会の最大のアキレス腱となりかねないものである。健やかに老いることの重要性を改めて学ぶとともに、これらの人びとを支えるために何ができるのであろうか。老人大学で問われている課題であり、また老人大学ならばこそ、この課題への解決の筋道を明らかにすることのできるものであると思われる。老人大学での教育は、教え育むというのではなく、共に生きるという意味での「共育」でありたいと思うのである。」

61) 牧野篤『シニア世代の学びと社会』前掲、p.114。
62) 中央教育審議会答申「生涯学習について」1981年6月参照。
63) 2006年「健康保険法等の一部を改正する法律」により65～74歳を「前期高齢者」、75歳以上を「後期高齢者」と区分したことにより、広く用語が使われるようになる。
64) 中央社会福祉審議会社会福祉構造改革分科会意見書「社会福祉基礎構造改革について（中間まとめ）」1998年、参照。
65) 堀勝洋『社会保障法総論』[第2版]、東京大学出版会、2004年。佐藤進・西原道雄・西村健一郎・岩村正彦編『社会保障判例百選』[第三版]、ジュリスト別冊No.153、有斐閣、2000年。高野範城・青木佳史編『介護事故とリスクマネジメント』あけび書房、2004年を参考。
66) 品田充儀「福祉サービスの利用方式」（日本社会保障法学会編『講座　社会保障法』第三巻、法律文化社、2001年、p.54）。
67) 額田洋一「福祉契約論序説」（日本弁護士連合会『自由と正義』第52巻第7号、2001年7月号、2001年、pp.14-21）。額田は、以下の5つに分類して論じている。①福祉契約により提供される福祉サービスは、利用者の生命・健康と生活を支えるものであり、その点においては、福祉サービスは医療に準じた高い公共性をもつということができる。②福祉契約は継続的な契約関係である。これはたとえ紛争が生じても契約の性質上、ただちに契約を終了させることが困難であり、紛争を抱えながら契約が継続することを示すものである。③福祉契約においては、福祉サービスの利用者と提供者（事業者）との交渉力の差、情報の収

集、分析力の差が、一般の消費者契約に比べて、格段に大きい。④福祉契約においては、利用者は、福祉サービスの利用にあたり、一般の消費生活のように自由な意思で「市場」に入っていくわけではなく、利用者には「契約」を締結しない自由はない。⑤福祉サービスという「産業」は、利益の追求という単純な資本の理論が貫徹しない分野である。

68) 山田普「福祉契約論についての社会法的瞥見」(明治学院大学社会学会『明治学院論叢』第713号、2004年、pp.68-76) 参照。

69) 吉田英二「在宅介護ビジネスの現状と今後」(日本保険学会『保険学雑誌』第578号、2002年、pp.23-24)。

70) 伊藤周平「介護保険と要介護者の権利擁護」『賃金と社会保障』1361・2号、賃金編集室、2004年、pp.85-89。伊藤周平『改革提言介護保険』青木書店、2004年、pp.122-124、参照。伊藤は以下の４つの分類している。①契約の一方である要介護者が十分な判断能力をもって契約を締結することが難しい。②介護保険サービスについては、要介護者と介護事業者との間で、情報の偏在や交渉力の格差が著しく、サービス内容についての事前の情報提供や契約締結過程における要介護者の保護の必要性が高い。③介護保険契約の債務内容であるサービス（役務）の内容が特定しにくく、その質の評価が難しい。④介護保険契約は、要介護者の生存権保障のために必要なサービスの提供・利用契約であり、公的規制の必要性が高い

71) 内田貴『契約の時代』岩波書店、2000年、pp.14-24。田中明彦「受給者・被保険者からみた介護保険法の問題点と課題」(日本社会保障法学会編『社会保障法』第17号、法律文化社、2000年、pp.12-19) 参照。

おわりに

第1節　研究の総括

　本節では、本研究のここまでの論旨、およびその成果を総括する。
　本研究の特徴は、大きく以下の3点にある。第一に、高齢者像が近代以降の社会状況の中でどのように変遷してきたかを明らかにするために、先行研究で埋めることのできなかった高齢者像の時代的変遷について、①始発期、②展開期・前期、③展開期・中期／移行期、④展開期・後期の4つに区分し、総括的な検証を行ったことである。さらに、高齢者教育の実践を社会政策との関連で再検討を行うために1970年代後半からはじまった老人大学の事例研究も行った。
　各章の成果を改めて確認すると、第1章では、第二次世界大戦以前の高齢者像の変遷過程を明らかにするために、穂積陳重の『隠居論』初版（明治初期）と増補改訂版（大正期）、さらに、橘覚勝の戦前昭和期における著述を俯瞰し考察した。その結果、以下の結論を得た。

1、戦前の家族制度では、高齢者は〈権力を持った存在〉として位置づけられていた。
2、穂積は戦前の家族制度の起草者だったが、彼個人としては高齢者を〈子を支配する権力者〉と位置づけたかったのではなく、逆に子息からの扶養を受けない「優老」という自立した高齢者像を理想像とし、その法制度化を試みようとしていた。
3、橘は穂積の隠居論の分析を土台として、戦前期において高齢者の学際

的研究（＝老年学）領域を作ることを目指した。また実践面でも、全国の養護施設の中心だった浴風会で高齢者像についての講義を行っていた。

つづく第2章は②の展開期・前期に当たるが、ここでは高齢者教育実践の先駆者であった小林文成が1950年代のことを論じた回想録を直接の考察対象として、敗戦を挟んでの価値観の転換期における高齢者像を検証した結果、以下の結論を得た。

1、小林は1950年代の家族制度復活の議論のなかで、若者と高齢者の世代間断絶を目の当たりにし、高齢者自身の「自己改造」の必要性を痛感した。
2、小林は自らの高齢者教育論を「現代人となる」学習と名づけ、戦前の敬老思想を批判し、現代社会の実情を理解することを主たる学習目標として位置づけた。また日青協の「共同学習」に倣い、高齢者教育の具体的な学習内容を、高齢者自らが生存権の保障を訴える運動を行えるようにすること、そして、彼らが自ら問題意識を持って学習を組織できるようにすることであると位置づけた。

さらに第3章では、1960年代の高齢者像の変容を明らかにするために、1960年代に高齢者教育論を提唱した橘覚勝の言説を検証し、以下のような結論を得た。

1、敗戦から1970年代にかけての時期は、前期（敗戦～1960年代中期）と後期（1960年代中期～1970年代）とで高齢者像が大きく変容した時期であった。前期は、戦前から引き継がれた〈強い〉者としての高齢者像が、家族制度廃止に伴い家族のなかから高齢者の権限が奪われ、逆に、国

からも家族からも〈余計者〉扱いされる〈弱い〉者としての高齢者像へと、その社会的位置づけが大きく転倒した時期であった。
2、しかし後期に至ると、社会から冷遇されつづけてきた高齢者の境遇がにわかに好転した。高度経済成長の恩恵によって、高齢者福祉に財政資金が投入されるようになったのを契機として、高齢者は国家および社会が扶養すべき「弱者」であるという、今日にも受け継がれている高齢者イメージが社会全体に蔓延していった時期であった。
3、1960年代は日本社会が豊かな時代であり、高齢者の学習環境の整備を進める余裕がある時代であった。そうした経済状況を如実に反映したのが、橘覚勝の老人憲章〈私案〉であった。老人憲章〈私案〉の内容は当時の社会状況を反映して、高齢者を〈扶養される者〉として位置づけることを目的としたものであった。

最後に第4章では、高齢者教育日本で最初に体系化した堀薫夫の1970年代の老人大学研究の成果から1970年代の高齢者像を探り、以下の結論を得た。

1、堀による1970年代の老人大学の分類は、高齢者の学習環境の課題として挙がっていた教育と福祉の谷間の問題を解消するための分類であった。しかし、すでに見てきたように、各時代によって社会政策が激しく変化するのに伴い、高齢者像もまた時代によって変容を余儀なくされてきたのであり、そのような高齢者像の変遷過程を念頭に置けば、堀の分析が当時の高齢者政策と対応した分析となっていないことが明らかとなった。そのため、再度1970年代の老人大学の分類を行う必要が生じた。
2、1970年代からの教育行政と福祉行政の谷間の問題は、実際にはどちらの行政所管で学習の質を区別できるようなものではなかったため、問題提起そのものを再検証する必要があることが分かった。その理由は、

高齢者政策が社会全体の問題であるため、各所管によって分けることのできなかったためである。
3、1970年代の老人大学の特徴は、行政の高齢者政策を地域の高齢者に浸透させるために地域リーダーを養成することを目的とした学習システムを取っていた。さらに老人大学では、健康学習を中心とした社会福祉を理解する内容の教育政策が行われていた。

以上の検証を通して、本研究はこれまで体系的に語られてこなかった近代以降の日本の高齢者教育の概観を俯瞰することができた。

第二に、それまで堀薫夫によって1970年代に始まるとされていた高齢者教育の起源を、1950年代の小林文成の高齢者教育論にまで遡り、これまで看過されてきた高齢者教育の初期の実践例を明らかにしたことである。それまで表層的な研究の域にとどまっていた小林の高齢者教育論を、彼が高齢者教育に踏み出すに至った社会的背景の分析にまで踏み込み詳細な検討も行った。小林が高齢者教育に取り組んだ要因として、①公民館長としての責務、②社会教育活動が盛んであった長野県伊那市の地域性、③住職としての高齢者との関係の親密性という３つの要因を明らかにした。

小林は、1950年代において深く教育研究者とかかわり社会教育実践を行っていたにもかかわらず、先行研究では長く高齢者教育の嚆矢として位置づけられてこなかった。その理由は以下の通りである。1960年代、全国的に勤労青年の共同学習の運動が下火となったときに、小林の高齢者教育実践も同様の運動であると見なされ、また結果として高齢者の学習権運動も徐々に衰退していった。そうした時代的経緯から、先行論では1950年代に行われていた高齢者の学習がいったん1960年代で断絶したと捉え、その結果、小林による1950年代の実践例が高齢者教育史から切り捨てられていたことが明らかになった。

第三に、堀薫夫によって提示された老人大学の類型化を再検討し、あらた

な定義を試み、1970年代に限らずどの時代にも対応できる老人大学の類型化モデルを構想したことである。その特徴は、社会問題への対策の視点を2種類に分類し、さらに高齢者の地域社会への貢献を目的とした学習方法を2種類に分類したことにある。社会問題への対策としての学習は、社会状況に順応することを目的とした学習（①—a）と、社会問題の意識改革を目的とした学習（①—b）に区分できる。高齢者の地域社会への貢献を目的とした学習は、専門的学習（②—a）と一般教養（②—b）に区分できる。

　以上の分析を通して、高齢者政策として具体的に高齢者にどのように対応するべきかという問題と、さらに、高齢者自身が地域社会とどのようにかかわるべきかという問題の計2つの課題に対して、個々の老人大学がどのように対応してきたのかを明らかにすることができた。さらには、高齢者政策にも十分に目配りしたうえで老人大学の類型化を新たに再定義し直したことで、高齢者の学習の場としての老人大学を位置づけることができた。

第2節　今後の課題

　以上の検証結果を踏まえたうえで、本研究は2つの新たな実践的課題を提起したといえる。

　第一に、高齢者教育の今日の最大の課題は、まさしく今日の重要懸案である日本社会の世代間の断絶をどのように解決するかという問題である。「失われた20年」とも呼ばれる、日本における安定成長期終焉後の20年以上にわたる経済の長期の低迷は、特に1990年代後半以降に就職期を迎えた世代の雇用環境を著しく悪化させた。そのため社会には10代後半から40代前半世代の無職、ニート、リストラ、非正規雇用者が増加の一途をたどり、1998年からは自殺者が3万人を超えるような状況に突入した。さらに、度重なる増税や賃金の低下が追い打ちをかけ、過酷な経済状況を最も強いられている若者世代の側から、経済的に豊かな時代を過ごした高齢者に対する強い批判・不満

が全国的に叫ばれている。

　たとえば、城繁幸が著書『若者を殺すのは誰か？』（扶桑社、2012年）のなかで拡大する世代間格差の問題を指摘しているように、今日はある意味、1950年代の家族制度復活をめぐる議論のなかで顕著にあらわれたのにつづく、第2の世代間断絶の時期に突入したと見ることができるだろう。

　このような厳しい状況に直面している我々にとって、本研究が提示した1950年代の小林による高齢者学習実践の分析は、現代の世代間断絶を解消するための有益な示唆を与え得るのではないだろうか。今日の高齢者の大半は、高度経済成長の恩恵によって高齢者福祉に財政資金がふんだんに投入することが可能になり、〈弱者〉としての高齢者像が社会に広く流布して以降の時代に価値観が形成された世代であり、したがって彼らもまた自身を〈弱者〉として強く認識している。そのため、高齢者世代が現在獲得している利益のごく一部を若者世代へ再配分しようとすることに対してさえ激しい拒絶感を示す傾向がある。

　そうした問題に対して、本研究が明らかにしてきた高齢者を対象とする社会政策、および高齢者像の歴史的変遷を提示すること、あるいは1950年代に小林文成が行った若者世代との世代間断絶を是正するための高齢者教育実践の例を提示することは、高齢者の意識改革を推進するための一助となり得ると予測される。さらに、本研究が提起する問題意識は、今後の可能性として、鷲田小彌太らの論じる「老害」問題、あるいは橋本健二らによって論じられている階層社会の問題にも通底し、互いに補完し合う研究ともなり得るだろう。

　第二の新たな課題として指摘しておきたいのは、本研究が今日のソーシャル・ガバナンス理論を再検討するための基礎資料ともなり得るという点である。都市の再生やまちづくりにおいて、地域の多様な住民組織による「住民自治」が活発になっていくなか、ソーシャル・ガバナンスとは、地域社会の住民組織が行政政策に参画し、既存の行政や経済の一部機能である公的サー

ビスを代替し、行政や経済と強い相互依存関係を持つようになる状態のことをあらわしている。

1980年代以降、住民活動が新たな局面を迎えた日本では、こうした展望が開けつつあると言われているが、その契機は、これまで地域社会を支える主たる担い手であった地方団体に限界が見られるようになったためだとされている。そこで、地域社会の住民活動に多くの期待が寄せられる結果となったのである。

他方、地方公共団体においても、住民による主体的な地域づくりを進めていくための住民参画型の行政が推進されるようになってきている。このように、国民はこれまでの政党や利益集団とは別に、もう一つ政治参加の手段を手に入れることとなった。

しかし、こうしたプラスの要素に反して、住民活動の最たる例であるNPOが、いま一歩安定して根づかないという現状が今日ある。NPOのような公的支援に対して、団塊の世代をはじめとする、高齢者、女性、青少年らが積極的に参加していくのをいかに促進していくかが今後の課題となるだろう。

本研究を振り返ってみると、高齢者の学習に限っては、ソーシャル・ガバナンス理論が叫ばれる以前から教育行政と福祉行政の谷間の議論のなかで、高齢者の組織化が行なわれていた。組織化の一例としては老人大学や老人クラブを挙げることができる。さらにこれらの組織に参加している高齢者が地域リーダーとなって様々な自治組織を牽引している。たとえ、教育行政と福祉行政が連携をせずに二重に実践活動が行われていたことがあったとしても、高齢者の学習環境の整備の質に違いがあった訳ではない。むしろ、どの領域においても同じ政策が行われている。なぜなら、高齢者の諸問題が細分化され取り組まれてきた訳ではなく、社会状況に即して高齢者政策の対応を考えてきたという歴史的経緯があったからである。

しかし、他の行政政策と異なり高齢者政策において、ソーシャル・ガバナ

ンス理論のもと、住民活動を行うことができた理由はそれだけではない。

　高齢者政策を行う世代が高齢期ではなく、いつも高齢者と対峙する壮年期もしくは青年期であったためである。もちろん、高齢者像に関する社会的な一般認識に関しても壮年期や青年期が中心となって作り出している。このことが、高齢者政策のソーシャル・ガバナンスを容易に推進させてきた原因であろう。

　以上のように、ソーシャル・ガバナンス理論がこれまでの行政政策や経済状況に大きく左右されてきたことは、時代的変遷から見ても明らかである。したがって、地域自治を促進するためのソーシャル・ガバナンス理論研究を進めるためには、本研究をソーシャル・ガバナンス理論の基礎的研究として位置づけ、高齢者政策と老人大学の全国的な組織化について再検討を行うことが肝要であるといえるだろう。

　以上、上記の実践的課題を達成するために、今後、論者は以下の二つの視点から研究を深めることが重要であると考える。第一に、近代から現代へと至る高齢者教育のより詳細な通史を作成し、高齢者教育の全体像を把握することである。特に団塊の世代と若者とのあいだの世代間断絶という今日的課題に焦点を当てるためには、その全体像を早急に把握することが必要となるだろう。

　第二に、高齢者像の変遷過程をたどるための通史を完成することである。ここまで論じてきたように、高齢者イメージは各時代における政治・社会状況と密接にかかわり、さらには地域やその土地特有の歴史的基盤によっても大きく異なる場合がある。したがって、時代や地域ごとの様々な高齢者像を詳細に分析することは、高齢者の問題を学問的に捉える上での基礎的研究となるものと考えられる。

　以上の二点を、今後のさらなる研究課題としていきたい。

主要参考文献

芦沢威夫「昔ばなし」(4)（社会福祉法人浴風会『浴風会』1975年7月1日）。
天野正子『老いの近代』岩波書店、1999年。
伊東眞理子「老年心理学者・橘覚勝再考」(『同朋大學論叢』第76号、1997年)。
伊藤周平「介護保険と要介護者の権利擁護」『賃金と社会保障』1361・2号、賃金編集室、2004年。
伊藤周平『改革提言介護保険』青木書店、2004年。
一番々瀬康子「学ぶことは生きがい」(小林文成『老後を変える』ミネルヴァ書房、1978年)。
一番ケ瀬康子「生涯学習権の保障を」(『国民教育』第67号、普通教育社、1986年)。
荷見武敬「解題」(穂積陳重『隠居論』日本経済評論社、1958年復刻)。
内田貴『契約の時代』岩波書店、2000年。
大橋謙策「社会福祉と社会教育」(日本社会教育学会編『現代社会教育の創造』東洋館出版社、1988年)。
大橋謙策「高齢者教育と高齢者福祉」(塚本哲人編『高齢者教育の構想と展開』全日本社会教育連合会、1990年)。
大村英昭「老い学のパイオニア・橘覚勝」(『季刊仏教』18号、法藏館、1992年1月)。
小川利夫・土井洋一編著『教育福祉の基本問題』一粒社、1985年
小川利夫「社会教育と社会教育の間」(小川利夫・大橋謙策編『社会教育の福祉教育実践』光生館、1987年)。
河畠修『高齢者の現代史』明石出版、2001年。
鎌田とし子「老人問題と老人福祉」(湯沢雍彦他編『社会学セミナー3——家族・福祉・教育』有斐閣、1974年)。
川島武宜『イデオロギーとしての家族制度』岩波書店、1957年。
儀賀精二「橘覚勝著「老年学」」(全国社会福祉協議会『老人福祉』第56号、1979年12月10日)。
菊池勇夫「穂積陳重と社会権」(『日本學士院紀要』第30巻 第1號)。
久保田治助「第二次世界大戦後の高齢者の変容についての考察」(『早稲田大学大学院教育学研究科紀要　別冊』第11号－2、2004年)。
久保田治助「老人大学創設期における高齢者教育の動向」(堀薫夫編著『教育老年学の展開』学文社、2006年。

小林文成『老人は変わる』国土社、1961年。
小林文成「新しい社会貢献のために」(全国社会福祉協議会編『月刊福祉』(8) 6、1962年)。
小林文成「青年と老人」(全日本社会教育連合会編『社会教育』 5 (20)、1963年)。
小林文成「老人教育を進める際に心すべきこと」(全日本社会教育連合会編『社会教育』(14)、1963年)。
小林文成『高齢者読本』日常出版、1975年。
小林文成「老年期の生きがいと学習」(小林文成・松島松翠・東畑朝子『老年期の生きがい』家の光協会、1977年)。
小林文成『老後を考える』ドメス出版、1978年。
小林文成『老後を変える』ミネルヴァ書房、1978年。
小林文成『福寿草』日常出版、1979年。
小林文成「老人の学習活動」(『公衆衛生』Vol.43 No.9、医学書院、1979年9月)。
小林文成『宗教と人生』ドメス出版、1980年。
品田充儀「福祉サービスの利用方式」(日本社会保障法学会編『講座 社会保障法』第三巻、法律文化社、2001年)。
白羽祐三『民法起草者 穂積陳重論』中央大学出版部、1995年。
瀬沼克彰『余暇と生涯教育』学文社、1979年。
総務庁行政監察局編『高齢者対策の現状と課題』大蔵省印刷局、1986年。
副田あけみ「高齢者の思想」(小笠原祐次・橋本泰子・浅野仁『高齢者福祉』1997年、有斐閣)。
副田義也「老年期の教育」『社会教育』国土社、1971年9月号。
竹田旦『民族慣行としての隠居の研究』未來社、1964年。
竹田聴洲『祖先崇拝―民俗と歴史』平楽寺書店、1957年。
大日本帝国議会誌刊行会『大日本帝国議会誌』第1巻 第3回貴族院、1926年。
橘覚勝『老年期』弘文堂書房、1931年。
橘覚勝「本邦における養老救済事業の史的概観」(『浴風園調査研究紀要』第3輯、財団法人浴風会、1931年8月)。
橘覚勝「わが国における養老思想および事蹟の史的考察」(『浴風園調査研究紀要』第4輯、財団法人浴風会、1932年12月)。
橘覚勝「向老期における自我の発見」(『浴風園調査研究紀要』第4輯、財団法人浴風会、1932年12月)。
橘覚勝「傷痍軍人の保護と指導」(『教育パンフレット』第324輯、社会教育協会、

1938年11月20日）。

橘覚勝『子供と生活環境』羽田書店、1943年。

橘覚勝『手』創元社、1943年。

橘覚勝「敵愾心」（『科学主義工業』七巻三号、社会主義工業社、1943年3月1日）。

橘覚勝「老人の社会的機能と老人教育」（『教育と医学』第10巻第六号、教育と医学の会、1962年6月）。

橘覚勝「老人教育」（『教育心理』第10号、教育心理研究会、1962年10月）。

橘覚勝「老年教育に就ての一私見」（『第4回日本老年社会科学総会報告』、1962年11月）。

橘覚勝『老年学』誠信書房、1971年。

橘覚勝『老いの探求』誠信書房、1975年。

橘覚勝「高齢者教育について思う」（『社会教育』1975年6月号、全日本社会教育連合会）。

橘覚勝「生涯教育ということ」（『社会教育』1978年9月号、全日本社会教育連合会）。

田邊繁子「家族制度復活の声と戦う」（『世界』通号第111号、1955年3月）。

樽川典子「老年期の家族役割と夫婦関係」（副田義也編『日本文化と老年世代』中央法規出版、1984年）。

塚本哲・浦辺史・積惟勝・吉田久一・一番ヶ瀬康子「昭和社会事業史の証言(5)」（上）（『社会福祉研究』第16号、鉄道弘済会、1975年4月1日）。

塚本哲・浦辺史・積惟勝・吉田久一・一番ヶ瀬康子「昭和社会事業史の証言(5)」（下）（『社会福祉研究』第17号、鉄道弘済会、1975年10月1日）。

塚本哲人「家族の生活」（福武直編『日本の社会』毎日新聞社、1957年）。

土井健司「共在的主体性の回復にむけて」（『現代思想』2002年6月号　第30巻　第7号、青土社）。

戸頃重基「崩壊期の家族性とその道徳的診断」（『理想』第266号、理想社、1995年7月）。

中野区教育委員会編『中野区ことぶき大学10年誌』1982年。

中野区教育委員会編『中野区ことぶき大学20年誌』1993年。

中野区教育委員会編『中野区ことぶき大学30年誌』2003年。

那須宗一『老人世代論』芦書房、1962年。

那須宗一「現代社会と老人の家族変動」（那須宗一・増田光吉編『老人と家族の社会学』垣内出版、1974年）。

西村信雄「日本における家族制度復活の動き」（『季刊法律学』第19号、1955年7月）。

額田洋一「福祉契約論序説」（日本弁護士連合会『自由と正義』第52巻第7号、2001年7月号、2001年）。
樋口恵子「老人の生きがい」（日高幸男・岡本包治・松本信夫編『老人と学習』日常出版）。
野口実「日本史に見る老人像」（渋谷淑子編『老いと家族』ミネルヴァ書房、2000年）。
兵庫県高齢者生きがい創造協会編『生きがいの創造』兵庫県高齢者生きがい創造協会、1989年。
福智盛『たのしい老人大学』ミネルヴァ書房、1975年。
福智盛『熟年は燃える』ミネルヴァ書房、1981年。
福智盛「老人大学の実践Ⅰ—いなみ野学園と兵庫の高齢者教育」（室俊司・大橋謙策編著『高齢化社会と教育』中央法規出版、1985年）。
福智盛『快老天国』友月書房、2008年。
藤岡貞彦『社会教育実践と民衆意識』草土文化、1977年。
藤岡貞彦「生涯学習の権利」（『季刊 科学と思想』No.73、新日本出版社、1989年）。
藤崎康夫「戦後移民五十年－日本戦後史を語る歳月」（『世界』第722号、岩波書店、2004年1月）。
穂積重遠編『穂積陳重遺文集』第3冊、岩波書店、1934年。
穂積陳重『隠居論』哲学書院、1891年。
穂積陳重『神権説と民約説』岩波書店、1928年。
穂積陳重『祖先祭祀ト日本法律』有斐閣、1917年。
穂積八束「民法出デテ忠孝亡ブ」（穂積重威編『穂積八束博士論文集』有斐閣、1933年）。
穂積八束「國民道徳ノ要旨」（文部省編『國民道徳ニ関スル講演』1911年）。
堀薫夫「教育におけるエイジングの問題」（『福井県立短期大学研究紀要』第10号、1985年）。
堀薫夫「「高齢社会と社会教育の課題」に関する文献」（日本社会教育学会編『現代社会教育の創造』東洋館出版社、1988年）。
堀薫夫「社会福祉と社会教育」（日本社会教育学会『現代社会教育の創造』東洋館出版社、1988年）。
堀薫夫「『高齢社会と社会教育の課題』に関する文献」（日本社会教育学会編『高齢社会と社会教育の課題』東洋館出版社、1999年）。
堀薫夫「老人大学の課題と展望」（大阪教育大学生涯教育計画論研究室『都市型老人大学受講者の実態と意識に関する調査研究』1999年）。

堀薫夫『教育老年学の展開』学文社、2006年。
堀薫夫『教育老年学と高齢者学習』学文社、2012年。
牧野篤『シニア世代の学びと社会』勁草書房、2009年。
三浦嘉久『高齢者の生涯学習と高齢者文化の興隆』鹿屋体育大学、1997年。
三浦嘉久「楽生学園の今日的意義」(日本社会教育学会第48回研究大会発表要旨集録、2001年)。
松尾敬一「穂積陳重」(利谷信義　潮見俊隆編『日本の法学者』日本評論社、1974年)。
三浦文夫「老人大学の実践Ⅱ―世田谷区老人大学の活動」(室俊司・大橋謙策編著『高齢化社会と教育』中央法規出版、1985年)。
三浦文夫『老いて学ぶ老いて拓く』ミネルヴァ書房、1996年。
宮原誠一『青年の学習』国土社、1960年。
牟田和恵『戦略としての家族』新曜社、1996年。
森謙二「穂積陳重と柳田国男」(黒木三郎先生古稀記念論文集刊行委員会『現代法社会学の諸問題』(上) 民事法研究会、1992年)。
安川悦子「現代エイジング研究の課題と展望」(安川悦子・竹島伸生編『「高齢者神話」の打破』御茶の水書房、2002年)。
山田晋「福祉契約論についての社会法的瞥見」(明治学院大学社会学会『明治学院論叢』第713号、2004年)。
山本和代「高齢社会を生きる」(日本社会教育学会編『高齢社会における社会教育の課題』東洋館出版社、1999年)。
湯沢雍彦「穂積陳重における『隠居論』の発展」(『社会老年学』№6、1977年3月)。
湯沢雍彦『老年学入門』有斐閣、1978年。
財団法人浴風会編『浴風会事業報告』昭和4年度 (小笠原祐次監修『老人問題研究基本文献集』第十六巻、大空社、1991年)。
吉田英二「在宅介護ビジネスの現状と今後」(日本保険学会『保険学雑誌』第578号、2002年)。
吉本隆明『老いの流儀』NHK出版、2002年。
梨本雄太郎「高齢者の社会参加過程における学習の意味」(日本社会教育学会編『高齢社会における社会教育の課題』、東洋館出版社、1999年)。
Linhart, S., "Organisationsformen alter Menschen in Japan, Selbstverwirklichung durch Hobbies, Weiterbildung, Arbeit", Wien: Institut fur Japanologie, 1983.
Simone de Beauvoir, "La Vieillesse", P.aris: Gallimard, 1970.

資料

資料1　楽生学園の学習プログラム（1954年～1973年）

昭和29年度

回数	学習テーマ	学習方法	講師
1	なんのために老人は学ぶのか	講義	ジャーナリスト
2	市の予算	説明と質疑	伊那市助役
3	ラジオ放送のしくみ	話し合い	NHKアナウンサー
4	市主催"としよりの日"行事参加	行事参加	
5	これから農家はどう変わるか	スライドと話	農業高校教諭
6	東京・鎌倉への旅	見学旅行	
7	楽生学園の集いの目標作成	話し合い	
8	食生活と健康	講義と話し合い	大学講師

昭和30年度

回数	学習テーマ	学習方法	講師
1	老人福祉法の制定	話し合いと陳情書づくり	園芸 公民館主事
2	新旧道徳の相違点	講演と話し合い	評論家
3	養老院訪問	訪問交流	
4	不運も幸せにできる	話し合いと質疑	雑誌記者
5	老人の心理	対話形式	大学教授
6	長野への旅行と見学		
7	青年会員との交流		新聞記者 勤労青年

昭和31年度

回数	学習テーマ	学習方法	講師
1	学習をひろげよう	話し合い	伊那市老連会長 小林文成
2	老人学級と社会教育	講演と話し合い	公民館長 大学学長
3	小学校との交流	児童との話し合い	小学校長
4	社会教育のねらい	話し合い	社会教育主事

5	小学校との交流	児童との交流	小学校長
6	老人問題と老後不安	話し合い	論説委員 老研職員
7	伊那市楽生会 結成大会参加	行事参加	
8	佐久間ダムへの旅	見学	
9	県の老人対策		長野県知事

昭和32年度

回数	学習テーマ	学習方法	講師
1	愛唱歌練習	歌唱指導	公民館主事
2	憲法、教育基本法の学習	講義と質問	大学学長
3	市予算の概要	説明と質問	伊那市議会事務局長
4	天竜川総合開発について	説明	県局長
5	これからの農業	講義と質問	大学教授
6	市楽生会への参加	行事参加	
7	浅間と諏訪への旅	見学	
8	旅行のスライドと反省会	スライド映写	公民館主事
9	老年学会の内容	報告と質問	小林文成
10	美和ダムへの旅	見学	長野県局長

昭和33年度

回数	学習テーマ	学習方法	講師
1	開講にあたり	話し合い	小林文成
2	老人の願い（実態調査）	アンケート集計と話し合い	伊那市長
3	老後のあり方	講演と話し合い	大学教授
4	楢山節考	映画鑑賞と話し合い	
5	老人の恋愛観	話し合い	社会教育主事
6	老人クラブのあり方	話し合い	全社協事務局長
7	調査「老人の希望」	聞き取り調査	大学教授
8	老人再婚の可否	話し合い	雑誌編集部員
9	時事問題	話し合い	ジャーナリスト
10	東京方面への旅	見学	

| 11 | 旅行の反省会 | 旅行スライド上映 | 社会教育主事 |
| 12 | 五周年の反省 | 話し合い | 社会教育主事 |

昭和34年度

回数	学習テーマ	学習方法	講師
1	老人クラブのあり方(交流会)	岩手県の一行と話し合い	小林文成
2	老人学級のすすめ方(交流会)	半田市社教一行と相互学習	小林文成
3	老人学級のすすめ方(交流会)	須坂市公民館と話し合い	小林文成
4	老人医学について	講演と話し合い	大学教授
5	夏に向う体の調整	話し合い	医師 保健婦
6	老人ホーム慰問	話し合い	
7	懇親会	話し合い	
8	保健のあり方	講演と質疑	保健所長
9	生活調査「健康診断」	調査	大学社会福祉研究所員
10	中学校教育見学	見学	中学校長
11	精神衛生について	講演と質疑	大学教授
12	食物研究	講演と質疑	医師
13	青年との交流	話し合い	長野県社会部長
14	直江津への旅	見学	
15	映画鑑賞	話し合い	小林文成

昭和35年度

回数	学習テーマ	学習方法	講師
1	当年77歳(喜寿)の仲間で交歓会	話し合い	
2	新しい道徳	講演と質疑	大学教授
3	交流会	下伊那郡婦人会と話し合い	小林文成
4	年金について	説明方式	大学教授
5	天声人語	話し合い	論説委員
6	PTAとの交流	話し合い	
7	農業改良	映画と話し合い	改良普及所員

8	授業参観	見学	小学校教師
9	時事問題	話し合い	小林文成、社会教育主事、保健婦
10	安保と家庭人	帰省学生との話し合い	学生 主婦（草の実会）
11	交流会	話し合い	香川県社教課員
12	若返る老人	スライドと録音による	文部省社会教育課
13	美ヶ原への旅	見学	
14	老人に対する希望をきく	中学校参観	中学校長
15	交流会	伊賀老人クラブと話し合い	小林文成

昭和36年度

回数	学習テーマ	学習方法	講師
1	取材と報道	質疑	ジャーナリスト
2	婦人との交流	話し合い	婦人会リーダー
3	諏訪市への旅	見学	
4	スライドと録音協力	話し合い	文部省係官
5	家庭の人間関係	話し合い	公民館主事 小林文成
6	小学5年生のホームルーム	小学生と話し合い	小学校長
7	時事問題	地図による講義	小林文成
8	映画収録	東映「村の老人学級」協力	
9	社会福祉とは何か	講演と話し合い	大学教授
10	伊那市楽生会総会参加	行事参加	
11	名古屋への旅	見学	
12	映画完成の祝い	話し合い	
13	学園に対する意見、批判、希望などの調査	調査	

昭和37年度

回数	学習テーマ	学習方法	講師
1	老後の設計	話し合い	婦人会リーダー
2	小集団討議のすすめ方	講義	小林文成
3	子どもと老人	映画と話し合い	NHK取材班
4	老人施設訪問	訪問	寮長 小林文成
5	話し合いの仕方	講義と話し合い	公民館主事
6	踊りの練習	実習	保育所保母
7	討論会・健康問題	討論と話し合い	小林文成
8	現代の大学生理解	話し合い	大学生
9	健康診断	検診	日赤奉仕団
10	老人の力を政治に反映するため	青年会員との話し合い	
11	家庭人としての老人の役割	講演と話し合い	医師 ジャーナリスト
12	血圧と健康管理	説明	医師
13	老人の健康	講演	大学教授
14	軽井沢への旅	見学	
15	社会教育大会参加	大会参加	

昭和38年度

回数	学習テーマ	学習方法	講師
1	どう仲間づくりを進めるか	グループ討議	小林文成
2	老人福祉とは	講演と質疑	地方事務所 厚生課長
3	創立10周年の集い	パネルディスカッション	全老連事務局長
4	農村と老人の立場	話し合い	小林文成
5	交流会	飯田市老人クラブとのグループ討議	
6	なぜ米価斗争はおこるのか	話し合い	小林文成
7	老人福祉法解説	説明と質疑	小林文成
8	老人の生きがい	話し合い	
9	くらしの相談	話し合い	NHK取材班
10	カウンセリング	質疑	大学教授

11	戸隠への旅	見学	
12	交流会	上田市社教関係者と話し合い	上田市社教
13	老人福祉について	話し合い	伊那地区社教関係者
14	ニュース解説	質疑	ＮＨＫ放送記者

昭和39年度

回数	学習テーマ	学習方法	講師
1	老人クラブはどうしたら育成できるのか	ゼミナール方式	大学教授
2	話し合いの技術	話し合い	小林文成
3	日韓会談について	質疑と話し合い	公民館主事 小林文成
4	富士山への旅	見学	
5	英国の事情	質疑と話し合い	イギリス人２名
6	原子力と農業	映画鑑賞と話し合い	公民館主事
7	交流会	話し合い	十日町市社教職員
8	世界の動向と家庭教育	講演と話し合い	教育評論家
9	文集の作り方	講演と話し合い	大学教授
10	交流会	大学生18名と話し合い	大学生
11	老人の幸せとは	話し合い	ＮＨＫ取材班
12	中近東の情勢	話しと質疑	ジャーナリスト
13	蓼科高原への旅	見学	
14	交流会	校長30名と話し合い	
15	子供のしつけ	話し合い	小学校教諭

昭和40年度

回数	学習テーマ	学習方法	講師
1	交流会	松本市老人クラブとの話し合い	老人クラブ幹部
2	交流会	兵庫県老連会員との話し合い	兵庫県老連
3	老人クラブ四本の柱	話し合い	奈良県老連

4	東大一日入学　老人医学	講演と質疑	大学教授
5	社会福祉について	講演と質疑	大阪社教職員
6	ベトナム問題	解説と質疑	社会教育主事
7	ＩＬＯ問題	解説と質疑	小林文成
8	英国の社会保障	講演と質疑	英国大使館文化部長
9	県老人クラブ大会参加	行事参加	
10	精密診断	健康診断	大学職員
11	農村は変わる	講演と質疑	大学講師
12	パキスタン紛争	解説と質疑	小林文成
13	老人の若い頃の唄	歌唱指導	小学校教諭
14	交流会	神奈川県老連会員との話し合い	神奈川県老連
15	会報の編集	会報作製	

昭和41年度

回数	学習テーマ	学習方法	講師
1	年度計画	話し合い	ジャーナリスト
2	クラブ推進のための組織改造	話し合い	小林文成
3	中国と日本の老人	講演と質疑	大学教授
4	市老連大会参加	大会参加	
5	西浦への旅	見学	
6	福祉のあり方	講演と質疑	大学教授
7	老年学・老人とは	講演	大学助手
8	敬老の日のうけとめ方	話し合い	小林文成
9	日本の社会福祉の実情	講演と話し合い	大学教授
10	健康調査の報告会	報告	保健婦
11	80歳のカルテ	話し合い	大学教授
12	交流会	帰省学生と話し合い	学生
13	中国事情	スライド上映と話し合い	主婦（草の実会員）
14	文部省「若返った老人たち」協力	実践と話し合い	文部省係官
15	美ヶ原への旅	見学	
16	現代教育のあり方	中学2年生　授業参観	中学校長

昭和42年度

回数	学習テーマ	学習方法	講師
1	事業計画	意見発表	小林文成
2	研究会（老人と社会参加他）	質疑	社協会長 公民館主事
3	老人と壮年の交流について	話し合い	雑誌編集長
4	老後を楽しく	対話	大学教授及び助教授
5	歌を歌おう	歌唱指導	小学校教諭
6	全国大会参加	4/19～4/21（3日間）行事参加	
7	小学校5年生の学級活動見学	参加と話し合い	
8	交流会	熱海老人クラブと話し合い	熱海老人クラブ幹部
9	交流会	話し合い	十日町市教委職員
10	映画鑑賞	国鉄映画と話し合い	国鉄駅長
11	世界の動き	講演と質疑	大学教授
12	保健について	講演と質疑	大学教授
13	松本への旅	見学	
14	歌を歌おう	歌唱指導	合唱指揮者協会会長
15	社会教育とは	講義と話し合い	大学教授
16	農業はどう変わる	講義と質疑	大学教授

昭和43年度

回数	学習テーマ	学習方法	講師
1	老後の迎え方	話し合い	ＮＨＫ婦人学級会員
2	プエブロ号事件	講義と話し合い	小林文成
3	社会保障のおくれ	講義と質疑	大学教授
4	ベトナム情勢	講義と質疑	大学教授
5	ジョンソン声明	講義と話し合い	社会教育主事
6	学園15周年の反省	講義と話し合い	雑誌編集長

7	十勝沖災害	ニュースを中心に講義と話し合い	小林文成
8	親不知への旅	見学	
9	15周年経理報告	話し合い	
10	世界の変化	講義	教育評論家
11	人生問題	話し合い	詩人
12	米作は望みないか	実情報告と話し合い	長野県農政職員
13	交流会	話し合い	桐生市老連幹部 小林文成
14	米作・県下の実情	報告と質疑	長野県農政職員

昭和44年度

回数	学習テーマ	学習方法	講師
1	沖縄の人々	映画と解説	ジャーナリスト
2	老人のレクリエーション	講演と話し合い	大学教授
3	交流会	話し合い	軽井沢町社会教育職員
4	社会事業への参加	講演と反省	大学教授
5	保健について	話し合い	保健婦
6	駒ケ岳への旅(ロープウエーにのる)	自然に楽しむ見学	
7	老人病の現状について	話し合い	大学教授
8	あなたの老後 私の老後	テレビ視聴	大学教授
9	映画鑑賞	映画上映と話し合い	小林文成
10	諏訪への旅	見学	
11	社会保障の概況	講義	老人福祉研究所部長

昭和45年度

回数	学習テーマ	学習方法	講師
1	社会福祉の立ちおくれ	講演	厚生省専門官
2	映画鑑賞	映画上映と話し合い	大学教授
3	交流会	田切老人クラブと話し合い	田切老人クラブ会員
4	交流会	老人学級と話し合い	

5	夕張市老人クラブのあり方	話し合い	夕張市老人クラブ
6	黒部への旅	見学	
7	カントリーエレベーター施設見学	見学	農場職員
8	年金について	話し合い	市年金課長
9	学習のあり方	話し合い	新潟県社会教育職員
10	老後問題	講演と話し合い	厚生省課長
11	老人教育の未来像	質疑	ジャーナリスト
12	老人クラブと社会教育	話し合い	公民館長 小林文成

昭和46年度

回数	学習テーマ	学習方法	講師
1	地区老連結成の動機	話し合い	小林文成
2	老人福祉について	講演と話し合い	厚生省専門官
3	保健婦事業とは	話し合い	保健婦
4	老人悲願像	話し合い	小林文成
5	上田への旅	見学	上田市社会教育職員
6	交流会	討議と話し合い	真駒内老人クラブ会長
7	悲願像完成祝賀会	話し合い	像製作者
8	長寿読本	読書会	小林文成
9	働くおばあさん	放送を聞いて話し合い	
10	婦人との交流	話し合い	信濃草の実会員
11	老人の健康	講演	大学教授
12	１年間の学習の反省 南方老人の船の報告	話し合い	小林文成

昭和47年度

回数	学習テーマ	学習方法	講師
1	年度計画	話し合い	小林文成
2	時代の変化	講演と質疑	教育評論家

3	ニクソン訪中の意味	質疑	小林文成
4	伊那市老連大会参加	行事参加	
5	「波濤を超える70歳」映画鑑賞	映画と話し合い	
6	交流会	話し合い	豊橋老連会幹部
7	交流会	話し合い	狐島老人学級
8	能登への旅	見学	
9	旅行反省会	話し合い	小林文成
10	農家の老人生活	調査	
11	老人問題を考える	話し合い	大学生
12	老人のあり方	講演と話し合い	大学教授
13	中国事情	スライドによる話し合い	大学教授
14	子どもの頃の遊び	実習	
15	小学校100年祭交流会	昔の遊びを小学生に披露	
16	1年間の反省	話し合い	小林文成

昭和48年度

回数	学習テーマ	学習方法	講師
1	映画鑑賞「老後を考える」	映画と話し合い	映画政策スタッフ
2	いなみの学園との対比	話し合い	兵庫県社会教育係
3	老人問題	話し合い	長野県・伊那市係官
4	交流会	話し合い	坂下老人クラブ
5	施設見学（栃木荘）	見学	
6	伊勢への旅	見学	
7	学園創立20周年	講演と反省	
8	研修会　老人学級のあり方	研究討議	中信地公民館長・公民館主事
9	老人の生活	講演と話し合い	大学教授
10	テレビ視聴「宗教について」	テレビ視聴と話し合い	大学教授 小林文成
11	交流会	話し合い	堀金村老人学級生

| 12 | 天竜への旅 | 見学 | |

注:小林文成『福寿草』日常出版、1974年をもとに作成している。

資料2　小林文成、楽生学園関連年表

西暦	元号	月日	小林文成関連事項	行政関連事項
1900	明治33	7.2	愛知県楽田村（現在の犬山市）に生まれる。	
1925	大正14	3	駒沢大学卒業。	
1928	昭和　3		伊那市光久寺住職になる。	
1934	9	4	方面委員になる。	
1946	21	9.9		長野県、文部次官通牒に基づいて「町村公民館の設置並びに運営について」を地方事務所長・市町村長・学校長宛てに通知し、公民館の設置を奨励。
1947	22			教育基本法制定。
1948	23	4	東春近公民館設置。	
1949	24			社会教育法制定。
1950	25	3.30	東春近の老人13名が永平寺・関西方面へ旅行、老人学級開設の準備がはじまる。	
		4	東春近において、婦人学級開設。	
1951	26		東春近青年学級、発足。	
1953	28	12.12	「思い出会」にて「老人の会」の創設を決める。	
1954	29	1	老人の会創設のための相談を重ねる。	
		4.1	東春近村等が町村合併して伊那市が誕生する。	
		5.10	楽生学園開園式、小林園長より学園の趣旨を説明する。	
		10.12-13	東京・横浜・鎌倉へ修学旅行。	
		11.1	楽生学園の集いの目標作成。	
1955	30	4.8	老人福祉法制定を厚生大臣・長野県知事・代議士に陳情を決定。	
		10.12-13	長野市へ修学旅行。	
		11.1	楽生学園、第二年度終了式。	

西暦	元号	月日	小林文成関連事項	行政関連事項
1956	31	8.18	楽生学園のレコードが谷村氏より届く。	
		9.28	伊那市楽生会結成。全国初の老人クラブ連合会。小林文成、幹事となる。	
		10	小林文成、伊那市教育委員長に推薦される。	
		10.11-12	愛知県豊川市・蒲郡市・佐久間ダム方面へ修学旅行。	
		12.25	第3年度終了式。	
1957	32	2.27	竹内てるよから「山里のうた」、「いいじゃないか節」等の歌詞が寄贈される。	
		3	楽生学園調査。	
		4.11	第4年度開講式。	
		5.24	録音機・幻灯機購入。	
		7.12	老人の声をテープに録音・再生。	
		9.15	雑巾を学校等に贈ることを決定する。	
		10.7	伊那市楽生会に参加し、市に老人福祉対策樹立を要望。	
		10.11-12	松本・浅間温泉・塩嶺・岡谷方面へ修学旅行。	
		10.27	第4年度終了式。伊那市教育委員会より表彰を受ける。	
1958	33	4.8	第5年度開講式。	
		4	東春近地区高年者実施調査。	
		5.12	有線放送による連絡が始まる。	
		8.6	長野県辰野町の新興楽器見学。	
		9.3	「いいじゃないか節」を踊る。	
		9.21		鳴門市老人連合会、「老人大学」を開講。
		10.11-12	東京方面へ修学旅行。「草の実会」、「山水会」と交流。	
		11.22	5周年祝賀会開かれる。	

西暦	元号	月日	小林文成関連事項	行政関連事項
1959	34	3.5	第6年度開講式。	
		4.25	遠足、伊那観光ホテルで話し合い。参加者106人。隣保組織規約を審議。	
		5.10	楽生学園隣保組織発足。楽生車披露。	
		9.15	年寄りの日、老人と青年の話し合い。	
		9.18	第4回楽生会総会。	
		10.12-13	学園旅行。長野・直江津方面。参加者120人。	
		11.23	学園にテレビ設置。	
		11.25	学園6ヶ年の成果と反省。	
1960	35	4.8	第7年度開講式。	
		4.26	駒ケ根方面遠足、97名参加。赤穂老人会との交流。	
		7.14	栗田ふみ初めて学園歌伴奏。	
		10.12-13	松本市美ヶ原方面修学旅行。	
		11.15		長野県老人クラブ連合発足。
		11.18	第7年度終了式100名以上出席。役員組織の改正。	
1961	36		『老人は変わる』国土社、初版。	老人福祉法制定。
		3.26	第8年度開講。	
		5.11	第8回開園記念日。	
		10.12-14	名古屋方面修学旅行87名参加。	
		10.23	東映映画『村の老人学級』完成祝賀会。	
		11	地区内全戸に対し学園に対する批判、希望調査始まる。	
		11.28	一ヵ年間の反省と話し合い。	
		12.28	バッジができる。	
1962	37	4.5		全国老人クラブ連合会結成。小林文成、常任理事となる。

西暦	元号	月日	小林文成関連事項	行政関連事項
		4.8	第9年度開講式。楽生学園バッチ全員贈与。	
		10.3-4	軽井沢方面修学旅行、177名参加。	
		10.21	1963年5月10日に10周年祝賀会を行うことに決定。旅行の8ミリ映画上映。	
		11.16	長野県視覚教育研究大会を伊那市で開催。社会教育の部で学園の研究授業が公開された。	
1963	38	4.8	10周年記念会の打ち合わせ、運営委員会を開く。	
		5.10	10周年記念日。	
		8.7	学園のグループ分けをする。	
		9.19	グループ研究発表。	
		10.12	修学旅行・戸隠・須坂方面、73名参加。	
		11.11	老人愛唱歌レコード完成。	
1964	39		伊那市楽生会を伊那市老人クラブ連合会と組織を改める。	
		4.4	役員の改選・グループ長等決定。	
		5.7-8	静岡方面旅行。	
		5.10	学園創立記念日。ピアノを設置する。	
		9.29	蓼科高原、岡原方面へ遠足・茅野氏で老人連合幹部と交流、そこで杉村春三「老人の心理」の講演を聴く。	
1965	40	2.25	中学校に雑巾を贈る。	
		4.25-27	東京方面へ修学旅行。東大へ一日入学。	
		8.19-23	老人精密検査。	
		12		ユネスコ、生涯教育を提言。
1966	41	4.6-7	豊橋方面修学旅行。	

西暦	元号	月日	小林文成関連事項	行政関連事項
		5	伊那市東部中心に赤痢流行のため休園。	
		6.25		「国民の祝日法」の改正で、国民の祝日「敬老の日」誕生。
1967	42	2.25	地区協議会全員が集まり老人たちと話し合う。	
1968	43	5.10	創立15周年記念集会。	
		7.4-5	学園旅行、姫川温泉へ。	
1969	44			兵庫県立の老人大学「いなみ野学園」創立。
		11.21	遠足、諏訪市油屋旅館。	
		12.12		
1970	45		『老人クラブに生きる』社会保険出版。	
		7.1-2	学園旅行、黒部ダム見学。	
1971	46			文部省、高齢者学習活動促進方策の開発。1971〜1972。
				社会教育審議会答申、高齢者教育の課題を提言。
		2.27	地区連合会の報告。	
		3.27	東春近老人クラブ連合会発足。	
		4.27-28	学園旅行。上田市福祉センターで上田市老人クラブと交流、善光寺参拝・県庁見学・33名参加。	
		12.7	一ヵ年間の反省と話し合い。	
1972	47	6.6-9	学園旅行、永平寺・輪島・能登半島一巡、参加者30名。	
		12.19	一ヵ年間の反省と話し合い。	
1973	48			文部省、高齢者教室の開設に対する助成。1973〜1978。

資料　183

西暦	元号	月日	小林文成関連事項	行政関連事項
		1.26	イギリス映画『老後を変える』完成、楽生学園といなみ野学園を紹介。	
		5.7-8	学園旅行、伊勢めぐり、参加者31名。	
		5.10	創立20周年記念集会。	
		10.30	学園旅行、開善寺・小笠原邸・天竜峡見学。	
1974	49		『老人は変わる』国土社、改定。	
			『福寿草』日常出版。	
		5.7-8	学園旅行、佐久方面・野辺山高原・佐久総合病院を訪問、若月俊一の講演を聴く、参加者27名。	
		12.14	伊那市老連代議員会。	
1975	50		『高齢者読本』日常出版。	
			『老後の学習と生きがい』社会保険出版。	
		5.26	沖縄から森根民雄引率、交流する。	
		6.19	学園遠足、諏訪市方面へ。東春近公民館の高齢者学級発足。	
1976	51	6.2-3	学園旅行、三河三谷方面、参加者30名。	
		12.16	忘年会を兼ねた話し合い。	
1977	52			「世田谷老人大学」設立。
		5.4	ルース・キャンベル、村山冴子来園。	
		9.6	ウィーン大学人文科学部日本文化研究所助教授リハルト来訪。	
1978	53		『老後を変える』ミネルヴァ書房。	
			『老後を考える』ドメス出版。	
		5.10	小林文成住職50年、楽生学園25周年記念式。	

184

西暦	元号	月日	小林文成関連事項	行政関連事項
1979	54			文部省、高齢者人材活用事業に対する助成。1979～1983。
1980	55		『宗教と人生』ドメス出版。	
		3.28		
1981	56			中央教育審議会答申、高齢期の教育について学習活動の奨励・援助等を提言。
		3	楽生学園、閉園。	
1982	57		『わが信仰の半生』社会保険出版。	
1984	59		『禅学の階梯としての王学』自費出版。	文部省、高齢者の生きがい促進総合事業に対する助成。1984～。
1986	61			臨時教育審議会、高齢者のための学習機会の整備を提言。
				「長寿社会対策大綱について」答申。
1987	62		東春近小学校　光久寺小林文成氏より児童図書87冊寄贈され「小林文庫」と命名	
1989	平成元年			文部省、長寿学園開設事業に対する助成。1989～。
1991	3		小林絹乃（小林文成夫人）逝去。	
1994	6			高齢者社会参加促進総合事業。
1995	7			高齢社会対策基本法制定。
				「高齢社会対策大綱について」答申。
		9.28	小林文成逝去、享年95歳。	

注：本年表は『老後を変える』ミネルヴァ書房、1978年、『学習する高齢者像－高齢社会を中心として』、1976年、三浦嘉久「楽生学園の今日的意義」日本社会教育学会第48回研究大会レジュメ、2001年、から作成。

あ と が き

　本書は、2012年2月に名古屋大学より博士（教育学）を授与された論文『日本における高齢者教育に関する研究―近代以降の高齢者像の変遷を中心に―』に若干の修正を加えたものです。
　博士論文の査読をしていただきました松田武雄先生、吉岡卓治先生、河野明日香先生には、大変感謝しております。また、東京大学にお移りになられるまで、名古屋大学大学院博士課程においてご指導いただきました牧野篤先生、李正連先生には、長い間ご指導いただきまして誠にありがとうございました。そして、ずっと高齢者教育の道を照らしていただきました大阪教育大学の堀薫夫先生には、これまで、公私にわたって大変お世話になりました。誠にありがとうございました。
　高齢者教育の研究を始めたのは、大学2年生の頃になりますので、20年ぐらい経ちます。研究を始めるきっかけとなったのは、当時の東京都中野区で社会教育主事として働いていた研究室の先輩が行なっていた高齢者大学への見学でした。当時は、日本における高齢者の学習に関する研究は進んでおらず、海外の高齢期の生涯教育論研究が中心でした。そのため高齢者大学は全国的に展開しているのにも関わらず、高齢者の学習についての理論が不明確でした。今日では、地方創生の最中、高齢者が地域づくりの中心として、多くの学びが行われており、高齢者教育が浸透しています。今になって振り返ってみると、時代ごとの社会の意図する高齢者イメージによって、その学習内容は変化するのは当然のことなのですが、当時はあまり理解できませんでした。そのことが分かった出来事が、3.11の東日本大震災です。3.11により地域の「絆」の大切さが実感され、社会参画の意識が全国的に浸透していきました。そのことによって高齢者教育論を検討する必要が起こったのだと思います。

ひとつひとつ明らかにしてゆく作業は進まず、ここまで時間がかかってしまいました。1970年代以前の高齢者教育の実際は歴史的にも明らかになっておらず、全国の実践を明らかにする作業は困難でした。特に、難しかったことは、高齢者教育における「教育」と「福祉」の２つの関係性は何なのかということを明らかにすることでした。感覚的には分かることなのですが、それをどのように検討するのか暗中模索の日々でした。それが、名古屋大学の大学院に進み、小川利夫「教育福祉学」に出会うことで、「教育」と「福祉」の研究に光が差し、本当に有り難く思っています。

　鹿児島大学に赴任してからは、多くの高齢者大学の講座に、企画や講師など様々な角度から関わらせていただき、都市部の高齢者だけでなく、離島や限界集落など多くの高齢者の学びについて考えることができました。鹿児島県は、高齢者率の高い地域が多く、地域自治の中心が70歳代以上というのが顕著です。したがって、鹿児島では地域づくりに高齢者の学習が重要であることを改めて実感することができました。長年研究を進めて来て、この研究が何かしら貢献できたのではないかと思っています。

　なにより、前の見えない研究に多くの時間を費やして来られたのも、家族の理解があったことに他なりません。なかなか研究が進まず落ち込んでいた時も、絶えず応援くれたことに感謝しています。先日父親が大学の教育職を定年で退職しました。ずっと教育一筋の父親が、これからの人生のために色々なことにチャレンジをしている姿を見るにつけ、より良い人生を過ごすこととは何かを考えなければならないと改めて思いました。

　これまでご指導いただきました先生方、一緒に研究をしてきた先輩後輩や同級生、研究生活を支えてくれた家族など多くの関わってくれた方々に感謝を申し上げます。ありがとうございました。

2018年8月

久保田　治助

著者略歴

久保田治助（くぼた　はるすけ）

1974年生まれ。鹿児島大学学術研究院法文教育学域准教授。
名古屋大学大学院教育学研究科博士課程修了。博士（教育学）。
岡崎女子短期大学幼児教育学科講師、鹿児島大学教育学部講師・准教授を経て、2015年より現職。

主要著書

『教育老年学の展開』（共著、学文社、2006年）
『自己教育へのまなざし』（共著、成文堂、2010年）
『生活科・総合的学習の新展開』（共著、あいり出版、2013年）
『新版現代の社会教育と生涯学習』（共著、九州大学出版会、2015年）
『対話でつくる教科外の体育―学校の体育・スポーツ活動を学び直す―』
（共著、学事出版、2017年）

日本における高齢者教育の構造と変遷

2018年9月15日　初版第1刷発行

著　者　　久保田治助
発行者　　風　間　敬　子
発行所　　株式会社風間書房
〒101-0051　東京都千代田区神田神保町1-34
電話 03（3291）5729　FAX 03（3291）5757
振替 00110-5-1853

印刷　藤原印刷　製本　井上製本所

Ⓒ2018　Harusuke Kubota　　　　　　NDC 分類：379
ISBN978-4-7599-2234-9　　Printed in Japan

〈JCOPY〈㈳出版者著作権管理機構　委託出版物〉
本書の無断複製は、著作権法上での例外を除き禁じられています。複製される場合はそのつど事前に㈳出版者著作権管理機構（電話03-3513-6969、FAX 03-3513-6979、e-mail:info@jcopy.or.jp）の許諾を得て下さい。